반갑다 회계 만화

반갑다 회계 만화

완전 쉬운 회계

| 변정호 지음 |

이콘

서문

선배가 전화를 걸어온 것은 봄이 오는 길목이었습니다.

"초보자를 위한 회계학 책 쓸 생각 없어?"
"갑자기 뭔 소리예요?"
"아는 후배가 회계학 책 쓸 수 있는 회계사를 구해서."
"쓰죠 뭐."

저는 마치 미리 마음의 준비라도 하고 있던 것처럼 아무렇지도 않게 책을 쓰자는 제안을 받아들였습니다. 돌이켜보면 제가 이렇게 쉽게 집필 제안을 받아들인 이유는 '언젠가는 회계법인에서 일했던 실전 경험을 바탕으로 쉬운 회계학 책을 써야지' 하는 생각을 평소 해왔던 것도 있지만 '회계사로 일한 시간이 얼마인데 그깟 회계 원리에 대한 책 한 권 못 쓰겠어?'라는 오만도 크게 작용한 것 같습니다.

하지만 정작 쓰기 시작하자 회계 초보자의 눈높이에 맞춰 회계 원리를 설명한다는 것이 생각처럼 쉽지 않음을 알게 되었습니다. 무엇보다 회계를 어렵고 딱딱하고 따분한 실용 지식이라고 생각하는 고정 관념을 깰 수 있도록 쉽고 재미있게 설명하는 것이 쉽지는 않았습니다.

회계학은 사실 어렵고 딱딱하고 따분한 학문일 것입니다. 하지만 모든 학문이 알고 보면 그렇듯 회계학도 독자 여러분이 생각하는 상식을 벗어나진 않습니다. 회계를 상식 수준에서 이해하려는 마음만 있다면 회계와 친해지는 것도 그리 어려운 일만은 아닙니다.

또한 회계학이 모든 사람이 다 알아야 할 지식이 아니라 소수의 전문가들을 위한 지식이라는 고정관념도 있을 것입니다. 과연 그럴까요?

누구에게나 세금 문제나 보험 관련 지식이 풍부하거나 연말 정산 때 챙겨갈 것을 척척 잘 알아서 하는 친구가 있습니다. 요즘과 같은 시대에 그런 지식은 가정 경제에 큰 힘이 됩니다. 회계학도 이런 지식과 비슷합니다. 가정 경제를 책임지기 위해서도 직장 생활에서 본인이 성장하기 위해서도 가정과 회사의 수입과 지출이 어떻게 이뤄지고 있는지를 알아야 하고 이들을 어떻게 관리해야 하는지에 대한 노하우가 필요합니다. 특히 직장 생활에 있어서 한 팀이나 부서를 관리하는 직급으로 올라가게 되면 더더욱 필요한 업무 능력 중 하나가 됩니다.

이 책은 회계학을 전문적으로 공부하고자 하는 이들만을 위한 책은 아닙니다. 오히려 회계에 대한 지식이 필요한 비전문가들을 위해 썼습니다. 이 책의 목표는 독자가 회계의 기본 원리를 이해하는 데 있으며 특히 재무정보의 가장 중요한 수단인 재무제표를 이해하는 데 있습니다. 재무회계를 큰 틀에서 이해하기 위해 먼저 총론적으로 재무제표는 무엇이며 어떤 종류로 나뉘는지, 그리고 재무제표를 작성하기 위한 큰 약속들에는 어떠한 것이 있는지 설명하였습니다. 다음은 각론으로 재무제표에서 가장 중요한 재무상태표, 손익계산서 및 현금흐름표는 어떤 계정과목들로 구성되며 각 계정과목이 갖는 성격과 그들이 어떤 원칙에 의해 회계처리되는지를 설명하였습니다.

한편 이 책을 통해 독자 여러분이 회계를 보다 쉽고 재밌고 편안하게 만날 수 있도록 형식과 내용 구성을 새롭게 잡아보았습니다.

첫째 각 회계 이슈가 갖는 의미를 부각하기 위해 회계학의 일반적인 설명 방식에서 탈피하여 하나의 회계 이슈에 개별적으로 제목을 붙였으며 각 회계 이슈를 잘 설명할 수 있는 문구를 제목으로 하였습니다.

둘째 각 회계 이슈에 대한 설명을 한 페이지 또는 두 페이지 정도로 한정하여 입문자가 알아야 할 가장 핵심이 되는 주제만을 다루었습니다.

셋째 회계기준이 필요한 부분을 설명할 때는 「일반기업회계기준」을 인용하였으나 되도록 회계의 기본적 원리를 상식적으로 설명하여 직관적 이해가 가능하도록 하였습니다.

마지막으로 기업에서 일어날 수 있는 회계 관련 상황을 외계인 쪼와 지구인 복과장의 좌충우돌 회계러브만화를 통해 쉽고 재밌게 이해할 수 있도록 하였습니다.

부족한 점이 많지만 아무쪼록 이 책이 독자 여러분의 회계 입문서로서 작은 길라잡이가 되었으면 하는 바램입니다.

마지막으로 이 책이 나오기까지 아낌없는 지원과 격려를 보내주신 승관이형, 명효누나, 경재에게 진심어린 감사를 드리며 그 동안 아빠를 이 책에 뺏긴 가원이와 지석이, 그리고 아내 현아에게 미안한 마음도 아울러 전합니다.

변정호

차례

서문 _004

제1부 재무제표에 대하여

01. 회계는 무엇인가? 012
02. 정보이용자마다 원하는 정보는 따로 있다 014
03. 재무회계의 성품 016
04. 재무회계의 국가대표__재무제표 020
05. 재무제표의 기본 가정 022
06. 거울에 비친 네 모습을 봐!__재무상태표 024
07. 난 네가 지난 회계기간에 한 일을 알고 있다!__손익계산서 028
08. 현금흐름 중요해? 무지 중요해!__현금흐름표 032
09. 자본변동표 및 이익잉여금처분계산서란? 034
10. 떼려야 뗄 수 없는 재무제표의 상호관련성 036

제2부 재무제표를 만드는 데 필요한 원칙들

11. 자산과 부채를 인식하려면?__자산·부채의 인식기준 042
12. 수익과 비용을 인식하려면?__수익·비용의 인식기준 046
13. 발생, 발생, 발생주의! 050
14. 재무제표 얼마로 하지?__재무제표 기본 요소의 측정 052
15. 재무제표가 나오기까지 무슨 일을 거치는가? 054

제3부 재무상태표

16. 재무상태표는 어떤 기준으로 만들까? 060
17. 계정과목의 주연 __ 현금 및 현금성자산 064
18. 수취채권 집안에는 누가 사나? 066
19. 수취채권, 다 받을 수 있을까? 068
20. 수취채권의 예정 회수시기가 길면? 072
21. 이름을 불러줘야 비로소 꽃이 되는 유가증권 076
22. 알쏭달쏭한 유가증권의 평가 080
23. 남이 아닌 지분법적용투자주식 082
24. 기간 손익을 인식하자 __ 미수수익 & 선급비용 084
25. 재고자산! 그게 뭔데? 088
26. 기초재고액 + 당기매입액 = 당기매출원가 + 기말재고액 090
27. 재고자산! 얼마에 사 온 거야? 092
28. 판매가능재고액을 매출원가와 기말재고로 나누다(1) 094
29. 판매가능재고액을 매출원가와 기말재고로 나누다(2) 096
30. 판매가능재고액을 매출원가와 기말재고로 나누다(3) 098
31. 재고자산! 제 가격에 팔 수 있는 게 맞아? 102
32. 기업활동의 본류가 아닌 투자자산 104
33. 자산 중 가장 비중이 큰 유형자산 106
34. 유형자산! 얼마로 기록하지? 108

35. 취득 후 지출은 유형자산? 아니면 비용? 110
36. 유형자산의 원가배분 __ 감가상각 112
37. 감가상각비는 재무제표에 어떻게 표시하나? 116
38. 유형자산을 공정가액으로 평가하다! __ 재평가모형 118
39. 감가상각비가 현금을 창출한다? 120
40. 눈으로 확인 안 되는 무형자산 122
41. 자산으로 인식하기 참 어려운 개발비 124
42. 갈 데 없는 애들은 모여라! __ 기타비유동자산 128
43. 자산이 다쳤다? __ 자산의 손상 130
44. 수취채권의 또 다른 나 __ 지급채무 134
45. 기간손익을 인식하자 __ 선수수익 & 미지급비용 136
46. 미리미리 쌓아야 할 부채 __ 충당부채 138
47. 부채이기엔 가깝고도 먼 우발부채 142
48. 현재가치 회계의 진수 __ 사채 144
49. 통화는 단일해야 한다 __ 외화환산회계 148
50. 기업의 밑천 __ 자본금 152
51. 잉여금이라고 똑같은 잉여금이 아니다 154
52. 어정쩡한 것은 다 모여라! __ 자본조정, 기타포괄손익누계액 158
53. 기업은 결손이 발생하기도 한다 __ 결손금의 처리 160

제4부 손익계산서

54. 손익계산서는 어떤 기준으로 만들까? 164
55. 손익계산서의 얼굴 마담 __매출액 168
56. 결정적인 사건을 잡아라! __재화의 수익인식 170
57. 진행하는 대로 인식해! __용역의 수익인식 174
58. 매출액의 단짝 __매출원가 178
59. 판매와 관리에도 비용은 발생하죠 __판매비와 관리비 182
60. 비록 주류는 아니지만(1) __영업외수익 184
61. 비록 주류는 아니지만(2) __영업외비용 186
62. 법인세비용과 납부할 법인세는 다르다?! 188
63. 1주당 이익은 얼마? __주당이익 192

제5부 현금흐름표 & 경영지표

64. 현금흐름에도 족보가 있다 __현금흐름표 196
65. 기업분석의 기본 중의 기본 __경영지표 202

부록 : 복과장의 심심풀이 퀴즈 208

재무제표는 정보이용자에게 기업실체에 관한 재무정보를 전달하는 가장 핵심적 재무보고 수단입니다. 실로 재무제표 없는 재무회계는 앙꼬 없는 붕어빵, 줄리엣을 잃은 로미오, 거품 없는 사이다라고 할 수 있죠. 즉, 재무회계의 국가대표라 할 수 있습니다. 재무제표에는 여러 선수들이 있는데요, 대표선수로 회계기간 말 현재의 재무상태에 대한 정보를 나타내는 재무상태표와 회계기간 동안의 경영성과에 관한 정보를 제공하는 손익계산서가 있습니다. 또한 현금흐름에 관한 정보를 나타내는 현금흐름표, 자본의 변동에 대한 정보를 제공하는 자본변동표, 이익잉여금의 처분 내역을 보여주는 이익잉여금처분계산서가 있죠. 이러한 재무제표들은 기업의 경영활동에 대한 결과를 회계수치로 나타냅니다.

제1부

재무제표에 대하여

01 회계는 무엇인가?

우리나라에서 회계가 일반인의 관심을 끌기 시작한 것은 1997년 말 외환위기 당시 일부 기업의 '분식회계'가 사회 문제로 대두되면서부터라고 할 수 있습니다. 당시 분식회계의 문제가 개인뿐만 아니라 국민경제에까지 지대한 영향을 미쳤는데요, 도대체 회계가 뭐길래 국민경제까지 흔들 수 있는 걸까요? **회계**란 정보이용자들(좀 더 좁혀서 얘기하면 기업의 수많은 이해관계자들)이 경제적 의사결정을 할 수 있도록 기업에 관한 재무정보를 식별, 측정하고 전달하는 과정 또는 제도라고 할 수 있습니다. 기업에 관한 잘못된 재무정보가 전달됐다면 정보이용자들은 잘못된 의사결정을 할 수밖에 없고 국민경제에 미치는 영향이 큰 기업일수록 문제는 더 심각해지게 되겠죠.

그렇다면 기업의 재무정보를 필요로 하는 정보이용자는 누구일까요? **정보이용자**는 기업의 주주, 채권자, 경영자, 종업원, 거래처, 고객, 감독기관, 신용평가기관 등 실로 다양합니다. 이런 정보이용자들은 기업의 재무정보 중 어떤 것을 필요로 하는 걸까요? 요약하면 정보이용자들마다 자신의 이용목적에 맞는 정보를 필요로 한다고 할 수 있습니다. 예를 들어, 투자자는 원하는 투자수익을 낼 수 있는지, 채권자는 빌려준 돈을 떼이지 않고 약정한 이자를 받을 수 있는지, 원재료 공급처는 납품한 물품대금을 받을 수 있는지, 경영자는 기업이 원하는 경영성과를 낼 수 있는지를 확인할 수 있는 정보가 필요할 겁니다.

기업은 일반적으로 재무제표를 통해 기업의 재무상태, 경영성과, 현금흐름 및 자본변동에 관한 정보를 제공함으로써 투자 및 신용의사결정, 미래 현금흐름의 예측, 경영자의 수탁책임 등에 유용한 정보를 정보이용자들에게 전달합니다.

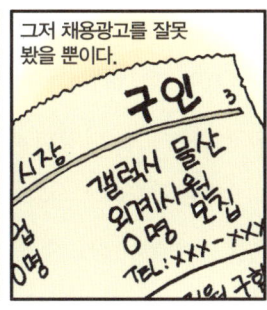

02 정보이용자마다 원하는 정보는 따로 있다

회계를 기업의 재무정보를 전달하는 상품으로 가정한다면 회계에도 수요자와 공급자가 있다고 할 수 있겠죠? 이 상품을 생산하는 주체는 기업이니 공급자는 기업이라고 할 수 있지만 정보를 필요로 하는 수요자는 다양한 편이죠. 수요자인 정보이용자에 따라 회계는 조금 다른 정보를 제공하게 되는데요, 주주, 채권자 등 불특정 다수의 이해관계자들에게 일반 목적으로 제공되는 재무회계, 기업 경영자 및 관리자에게 경영관리를 위해 제공되는 관리회계, 세금을 계산하고 납부할 목적으로 세무당국에 제공되는 세무회계가 있습니다.

재무회계는 불특정 다수의 이해관계자들에게 제공되기 때문에 공통으로 필요로 하는 정보를 담은 재무제표 형식으로 제공됩니다. 재무제표는 기업의 재무상태, 경영성과, 현금흐름 및 자본변동 등에 관한 정보를 담고 있는데요, 다양한 이해관계자에게 제공되기 때문에 권위 있는 회계기구에서 제정한 회계기준에 따라 작성되어야 합니다. 반면, **관리회계**는 경영자의 의사결정에 도움이 되는, 관리 차원에서 필요한 정보를 제공합니다. 재무회계가 외부용 정보라면 관리회계는 내부용 정보라고 할 수 있습니다. 따라서 어떤 회계기준에 맞출 필요가 있는 것이 아니며, 경영자의 경영성과를 높일 수 있는 정보를 제공한다면 그것으로 족한 거죠. **세무회계**는 세법에 따라 세금을 납부하기 위한 회계로 재무회계의 회계기준과는 그 목적이 다르기 때문에 동일한 거래에 대해 서로 다르게 규정하기도 합니다. 일반적으로 기업은 재무회계 목적에 맞게 회계처리하여 기업의 장부를 관리하며 세금 계산을 위해 재무회계와 세무회계와의 차이를 조정하는데요, 이를 세무조정이라고 하죠.

앞으로 우리가 얘기하고자 하는 회계는 재무회계에 국한되며 재무회계는 관리회계와 세무회계를 이해하기 위한 밑돌이라고 할 수 있습니다.

03 재무회계의 성품

재무회계가 무엇인지 아셨다면 여기서는 재무회계가 제공하는 회계정보가 어떤 질적 특성을 가져야 하는가를 알아볼까요? **회계정보의 질적 특성**은 사람으로 따지면 성품 정도에 비유할 수 있는데요, 회계정보가 정보이용자들에게 유용하기 위해 가지고 있어야 할 특성을 말합니다. 이런 질적 특성을 왜 알아야 하는지 의문을 가지는 분도 있고 그저 따분한 이야기 정도로 생각하는 분도 있을 수 있지만 회계정보의 질적 특성은 사실 재무회계를 재미있게 이해하는 데 가장 중요한 정보라고 할 수 있습니다. 회계기준이라는 것들이 알고 보면 다 회계정보의 질적 특성을 어떻게 잘 반영할 것인가를 고민한 끝에 만들어진 거니까요. 뿌리가 굳건해야 가지가 무성한 법이죠. 좀 서두가 장황했는데요, 사실 회계정보의 질적 특성은 알고 보면 '너무 당연한 얘기잖아' 라는 반응이 나올 법한 것입니다. 지금부터 이 당연한 얘기를 해보겠습니다.

먼저 회계정보가 유용하기 위해서는 신뢰성과 목적적합성이라는 두 가지 특성을 가지고 있어야 합니다. **신뢰성**은 말 그대로 믿을 수 있어야 한다는 것이죠. 회계정보가 신뢰성을 갖기 위해 회계정보는 그 정보가 나타내고자 하는 대상을 충실히 표현하고 있어야(표현충실성) 하고, 객관적으로 검증 가능해야(객관성) 하며, 중립적이어야(중립성) 합니다. 표현충실성은 회계수치를 있는 그대로 드러내고, 회계 거래를 형식보다는 실질에 따라 회계처리하고 보고하며, 중요한 정보는 누락하지 않는 것을 의미하죠. 여기서 형식보다는 실질을 우선하는 것은 매우 중요한 원칙으로, 거래 상대방과의 계약 형식이 무엇이든 간에 실질 내용에 따라 회계처리하는 경우가 실제로 많이 있습니다. 객관성은 검증가능성이라고도 하는데요, 누가 회계처리를 하더라도 동일한 결론과 수치에 도달해야 함을 의미합니다. 측정하는 사람에 따라 회계수치가 달라진다면 당연히 객관성이 떨어지고 신뢰가 가지 않겠죠? 중립성은 편의가 없어야 한다는 원칙으로 회계정보나 회계기준이 특정 이용자의 의도된 결과를 위해 작성 또는 제정되어서는 안 된다는 것을 의미합니다. 이 정도의 질적 특성을 갖는다면 회계정보가 신뢰성이 있다고 할 수 있을 것 같은데 여러분 생각은 어떤가요?

다음은 **목적적합성**입니다. 목적적합성은 회계정보가 정보이용자의 의사결정 목적과 관련되어야 한다는 것으로 예측가치, 피드백가치, 적시성이 있어야 합니다. 예측가치는 회계정보가 미래를 예측하는 데 도움이 되어야 함을 의미하죠. 또 피드백가치는 회계정보가 정보이용자의 당초 예측치를 확인하고 수정하게 함으로써 의사결정에 도움이 되어야 함을 의미합니다. 마지막으로 적시성은 회계정보가 정보이용자에게 유용하기 위해서 적시에 제공되어야 한다는 것이죠. 구구절절 공자님 말씀만 하는 것 같죠? 이것을 조금 다른 관점에서 해석하면 회계나 회계가 제공하는 정보라는 것이 우리가 생각하는 상식에서 크게 벗어나지 않는다고 말할 수도 있습니다.

자, 이제 회계정보의 질적 특성을 요약하면 신뢰성도 높고 목적적합성도 높은 회계정보가 회계가 바라는 정보라 할 수 있는데요, 이러한 회계정보는 항상 가능할까요? 실제로 신뢰성과 목적적합성 간에는 상충관계가 있습니다. 신뢰성이 높은 정보를 제공하려면 목적적합성을 해칠 수 있고, 목적적합성이 높은 정보를 제공하려면 신뢰성을 해칠 수 있다는 것이죠. 나중에 계정과목 각론에서 설명하겠지만 자산은 취득할 당시의 가격인 취득원가 또는 시장가격을 반영한 공정가액으로 인식하는데요, 대개 취득원가는 신뢰성이 높은 반면 공정가액은 목적적합성이 높죠. 회계기준은 자산의 특성을 고려하여 어떤 자산은 신뢰성이 높은 취득원가로, 또 어떤 자산은 목적적합성이 높은 공정가액으로 평가하도록 규정하고 있습니다. 어느 하나의 질적 특성을 완전히 포기하지 않는 것을 전제로 신뢰성과 목적적합성을 만족시키는 최적의 지점을 찾은 결과라 할 수 있습니다.

회계정보의 질적 특성에는 신뢰성과 목적적합성만큼 1차적이지는 않지만 2차적 특성으로 비교가능성이 있는데요, **비교가능성**은 한 기업의 회계정보가 회계기간별로 비교가 가능하고 또 다른 기업과도 비교가 가능해야 한다는 특성을 말합니다. 사실 회계수치는 절대적 금액도 중요하지만 기간별이나 다른 기업과의 비교가 가능할 때 훨씬 더 유용합니다. 비교가 되는 상대방이 있을 때 나 자신이 더 잘 보이는 것은 비단 회계수치만의 문제는 아니겠죠? 그래서 되도록 기간별로 일관된 회계처리 방법을 사용해야 하며 기업실체 간에도 동일한 회계처리 방법을 사용하는 것이 바람직하다고 얘기할 수 있습니다.

그렇다면 회계정보의 질적 특성들을 모두 만족하는 정보를 제공하는 것이 가능할까요? 아주 바람직하긴 하지만 여기에는 제약 요인이 있습니다. 이상을 꿈꾸지만 항상 발목을 잡는 현실이 있기 마련이죠. 이 현실이 비용과 효익의 균형과 중요성입니다. **비용과 효익의 균형**은 어떤 회계정보를 제공하기 위한 비용이 그로부터 받는 효익을 초과한다면 그러한 정보의 제공은 정당화될 수 없다는 것으로 회계기준을 제정함에 있어 이러한 문제를 포괄적으로 고려하게 됩니다. 한편 **중요성**은 회계정보가 정보로서 제공되기 위한 최소한의 요건으로 특정 정보가 정보이용자의 의사결정에 영향을 미칠 수 있다면 그러한 정보는 중요한 정보라 할 수 있습니다. 이것을 반대로 얘기하면 신뢰성과 목적적합성을 갖춘 정보라 할지라도 중요하지 않은 정보는 제공되지 않을 수 있다는 얘기가 됩니다. 중요성은 회계정보의 성격과 금액의 크기로 결정되는데 일반적으로 금액의 크기가 큰 정보는 중요한 정보라 할 수 있죠. 또 금액의 크기는 작더라도 질적으로 중요한 정보가 있을 수 있는데요, 예를 들어 어느 기업의 순이익이 조금 발생하거나 순손실이 조금 발생하더라도 이익이냐 손실이냐에 따라 시장에 주는 파급효과가 다를 수 있기 때문에 중요한 정보라 할 수 있습니다.

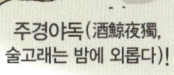

04 재무회계의 국가대표 _재무제표

재무제표는 정보이용자에게 기업실체에 관한 재무정보를 전달하는 가장 핵심적 재무보고 수단입니다. 실로 재무제표 없는 재무회계는 앙꼬 없는 붕어빵, 줄리엣을 잃은 로미오, 거품 없는 사이다라고 할 수 있죠. 즉, 재무회계의 국가대표라 할 수 있습니다. 재무제표에는 여러 선수들이 있는데요, 대표선수로 회계기간 말 현재의 재무상태에 대한 정보를 나타내는 재무상태표와 회계기간 동안의 경영성과에 관한 정보를 제공하는 손익계산서가 있습니다. 또한 현금흐름에 관한 정보를 나타내는 현금흐름표, 자본의 변동에 대한 정보를 제공하는 자본변동표, 이익잉여금의 처분 내역을 보여주는 이익잉여금처분계산서*가 있죠. 이러한 재무제표들은 기업의 경영활동에 대한 결과를 회계수치로 나타냅니다.

반면 **주석**이라는 재무제표는 회계수치뿐만 아니라 기업의 중요한 회계정보를 제공하죠. '주식회사의 외부감사에 관한 법률'의 적용을 받은 기업은 감사보고서라는 것을 작성하게 되는데요, 여기에 재무제표 중 마지막으로 제공하는 것이 주석이라는 것으로 ①기업의 개황 및 주요 영업내용 ②주요 회계처리방침 ③자산·부채의 세부내역 및 변동사항 ④자본의 변동내역 ⑤주당손익 ⑥특수관계자와의 거래 ⑦담보제공내역 ⑧보험가입자산 ⑨우발부채와 약정사항 ⑩부문별 정보 등을 포함하고 있어 기업을 이해하는 데 중요한 정보를 담고 있습니다. 가끔 회계 분야에 종사하는 사람들도 주석이 재무제표의 일부라는 것을 간과하는 경우가 있는데요, 실제로 기업을 자세히 들여다보고 싶다면 주석이 가장 중요한 길라잡이가 되는 재무제표라는 것을 잊지 마세요.

*2010년 12월 30일에 제정된 일반기업회계기준에서 이익잉여금처분계산서는 주재무제표에서 제외되고 주석의 일부로 편입됨.

05 재무제표의 **기본 가정**

재무제표를 작성하기 위해서는 일정한 가정들이 필요한데요, 기업실체, 계속기업, 기간별 보고, 화폐단위 측정의 가정이 있습니다. 이런 가정들은 회계정보의 전달 수단인 재무제표가 유용성을 갖기 위한 전제조건 정도로 생각하면 됩니다. 먼저 **기업실체의 가정**은 기업을 그 기업의 주주와는 별개의 실체로 보고 회계처리한다는 가정입니다. 기업실체의 가정으로 인해 재무제표는 주주뿐만 아니라 그 기업에 관심을 가지고 있는 다양한 이해관계자가 이용할 수 있는 것이죠. **계속기업의 가정**은 기업은 망하지 않고 계속 존속한다는 가정입니다. 아주 비현실적으로 들리죠? 주위에서 망하는 기업을 흔히 볼 수 있는데 말이죠. 회계처리를 함에 있어 계속기업의 가정은 굉장히 중요한데요, 만약 기업이 조금 있다 망할 것 같으면 청산할 경우를 가정해서 회계처리하는 것이 옳겠죠? 그러나 이런 경우가 아니라면 기업은 계속적으로 존속한다는 가정 하에 회계처리를 합니다.

기간별 보고의 가정은 기업의 계속적인 존속을 전제로, 그 존속기간을 일정한 기간 단위로 나누어 각 기간별로 재무제표를 작성하라는 가정입니다. 흔히 이 일정한 기간 단위를 회계기간이라고 하는데요, 통상 1년이지만 분기마다 재무제표를 작성할 의무가 있는 기업들도 있습니다. 마지막으로 **화폐단위 측정의 가정**은 회계는 화폐를 측정단위로 사용하며 화폐의 물가변동이 없다는 가정입니다. 물가변동이 없다니⋯⋯ 갑자기 회계가 영 미덥지 않나요? 그러나 회계는 매 회계기간 물가변동을 반영하여 재무제표를 수정함으로써 목적적합성을 얻을 수 있는 것보다 잃는 신뢰성이 더 크다고 보기 때문에 좀 억지인 것을 알면서도 이런 가정을 하는 것이죠. 참고로 바로 이 가정이 자산을 취득원가로 인식하는 근거가 됩니다.

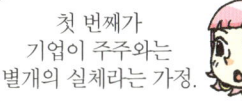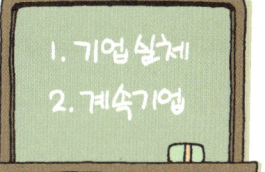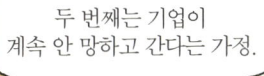

06 거울에 비친 네 모습을 봐! _재무상태표

재무상태표는 일정 시점의 기업이 보유하고 있는 경제적 자원인 자산과 경제적 의무인 부채 그리고 자본에 대한 정보를 제공하는 재무제표입니다. 재무상태표는 어느 순간의 기업 전체 모습을 사진으로 찍은 것과 같다고 할 수 있습니다. 재무상태표의 식구들인 자산, 부채, 자본이 잘 나오도록 찍어야 하는 건 당연하겠죠. 재무상태표는 **대차대조표**라고도 하는데요, 회계에서 대貸는 오른쪽을, 차借는 왼쪽을 나타내죠. 회계는 오른쪽에 기업의 자금이 어떻게 조달되었는지를 나타내는 부채와 자본을, 왼쪽에 이 자금이 어떻게 사용되었는지를 나타내는 자산을 표시하기로 약속을 합니다. 소위 복식부기 또는 분개라고 하는 것인데요, 자산의 증가는 차변에, 부채 및 자본의 증가는 대변에 표시하는 것이죠. 반대로 자산의 감소는 대변에, 부채 및 자본의 감소는 차변에 표시되겠죠. 항상 차변과 대변에 동일한 금액을 기록해야만 하는 복식부기를 통해서 차변의 합계와 대변의 합계는 일치할 수밖에 없습니다. 그래서 회계를 공부하면 정직한 삶을 사는 데도 도움이 됩니다. 복식부기 원리에 따라 예외 없이 다음의 공식이 성립하죠.

> 자산 = 부채 + 자본 = 타인자본 + 자기자본

그럼 재무상태표의 구성요소인 자산, 부채, 자본에 대해 조금 더 알아볼까요? 먼저 **자산**은 과거의 거래나 사건의 결과로서 현재 기업에 의해 지배되고 미래에 경제적 효익을 창출할 것으로 기대되는 자원이라고 정의합니다. 설명이 쉽진 않죠? 예를 들어 보겠습니다. 기업이 판매하기 위해 상품을 하나 구입했습니다. 이 상품은 매입이라는 거래의 결과로 발생했습니다. 매입일 현재 기업이 소유권을 갖고 있으므로 지배한다고 할 수 있죠. 그리고 향후 판매라는 거래를 통해 기업에게 현금을 가져다 줄 것이므로 미래에 경제적 효익을 창출한다고 할 수 있을 것입니다. 따라서 동 상품은 자산에 해당하죠.

부채의 정의도 볼까요? 부채는 과거의 거래나 사건의 결과로 현재 기업이 부담하고 있고 미래에 자원의 유출 또는 사용이 예상되는 의무입니다. 역시 쉽지 않네요. 위의 상품 매입거래에서 기업이 외상으로 상품을 매입했다고 칩시다. 상품 매입이라는 과거의 거래가 발생했습니다. 동 매입거래로 인해 매입처에게 상품 구입대를 지급해야 하므로 현재 기업이 부담하고 있다고 할 수 있겠네요. 그리고 향후 현금을 지급해야 하므로 미래에 자원 유출이 예상된다고 할 수 있습니다. 따라서 외상으로 매입한 상품 구입대는 부채에 해당합니다.

마지막으로 자본입니다. 자본은 기업의 자산총액에서 부채 총액을 차감한 잔여액 또는 순자산으로서 기업의 자산에 대한 소유주(주식회사의 경우 주주)의 잔여청구권입니다. 주주의 잔여청구권이라는 정의에서도 알 수 있듯이 자본은 별도로 정의되지 않고 재무상태표상의 자산에서 부채를 차감하여 계산합니다. 자산에서 타인에게 지급할 부채를 제외한 나머지는 모두 주주의 것이라는 것이죠. 이런 의미에서 자본을 주주지분이라고도 합니다.

자본 = 자산 − 부채 = 자산 − 타인자본

07 난 네가 지난 회계기간에 한 일을 알고 있다! _손익계산서

손익계산서는 일정 기간 동안 기업의 경영성과에 대한 정보를 제공하는 재무제표입니다. 재무상태표가 기업의 모습을 사진으로 찍은 것이라면 손익계산서는 일정 기간 동안 기업의 활동을 비디오로 촬영한 것으로 비유할 수 있습니다. 기업의 경영성과라는 것은 일정 기간 동안의 이익 또는 손실의 크기로 결정되는데요, 이익 또는 손실은 수익에서 비용을 차감하여 계산됩니다.

> 이익(손실) = 수익 - 비용

수익은 기업의 주요 경영활동과 관련된 재화의 판매 또는 용역의 제공에 대한 대가로 발생하는 자산의 증가 또는 부채의 감소를 의미합니다. 수익의 정의에서 알 수 있듯이 수익은 자산의 증가나 부채의 감소를 수반하므로 복식부기상의 대변에 기록됩니다. 예를 들어 기업이 상품 하나를 100,000원에 판매한 경우 대가로 받는 현금이라는 자산이 증가하게 되죠. 분개를 해 볼까요?

차변		대변	
현금 및 현금성자산(자산)	100,000	매출(수익)	100,000

반면, **비용**은 기업의 주요 경영활동과 관련된 재화의 판매 또는 용역의 제공 등에 따라

발생하는 자산의 감소 또는 부채의 증가를 의미합니다. 수익과는 반대로 비용은 자산의 감소와 부채의 증가를 수반하므로 복식부기상의 차변에 기록됩니다. 위 예에서 동 상품을 90,000원에 매입한 것이라면 매출과 동시에 상품이라는 자산을 감소시키는 분개가 필요한데요, 이 때 비용도 인식하게 됩니다.

차변		대변	
매출원가(비용)	90,000	재고자산(자산)	90,000

이로써 이 기업의 이익은 10,000원(=100,000원 – 90,000원)이 되었습니다.

기업의 경영성과를 결정하는 것으로 수익과 비용 이외에도 **차익**과 **차손**이라는 것이 있는데요, 기업의 부수적인 경영활동에서 발생하는 경제적 효익의 유입과 유출을 의미합니다. 기업이 영업활동에 사용하고 있던 영업용 차량을 매각하는 경우를 예로 들어 볼까요? 이런 유형자산의 매각은 기업의 주된 영업활동이 아니므로 이 거래로 인해 발생하는 손익은 수익 또는 비용이 아니며 차익 또는 차손에 해당합니다. 그럼 차익과 차손은 손익계산서에 어떻게 표시할까요? 장부가액이 90,000원인 차량을 100,000원에 매각한 경우를 예로 들겠습니다. 만약 동 매각거래가 주요 경영활동의 결과라면 차량 매각대금 100,000원은 위의 예에서 매출에, 차량의 장부가액 90,000원은 매출원가에 해당한다고 할 수 있으므로 각각 수익과 비용으로 기록하면 되겠죠. 그러나 동 거래는 기업의 부수적인 경영활동의 결과이므로 차량 매각대와 장부가액의 차이금액인 10,000원을 차익으로 기록합니다. 유형자산의 매각은 기업의 주요 경영활동이 아니므로 이것을 수익과 비용으로 각각 인식하기보다는 차익(또는 차손)으로 인식하는 것이 더 유용한 정보가 된다는 것이죠. 손익계산서 각론에서 설명하겠지만 차익과 차손은 주로 영업외손익에 해당됩니다.

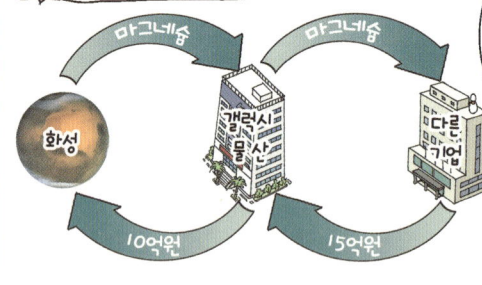

08 현금흐름 중요해? 무지 중요해!
_현금흐름표

현금흐름표는 일정 기간 동안 기업에 대한 현금 유입과 유출에 대한 정보를 제공하는 재무제표입니다. 현금흐름표는 손익계산서를 현금 기준으로 작성한 것으로 표현할 수 있는데요, 현금흐름을 나타내는 재무제표가 별도로 있다는 것은 그만큼 현금이 중요하다는 얘기죠. 일반적으로 손익계산서상의 이익이 많이 발생하는 기업을 좋은 기업이라고 할 수 있겠죠.

대개 이익이 많은 기업은 현금도 많기 마련이지만 반드시 그런 것은 아닙니다. 극단적인 예를 들면 어느 기업이 매출이 좋아서 이익이 많이 발생하였으나 매출에 따른 대금을 하나도 회수하지 못한다면 기업이 보유하고 있는 현금은 바닥 수준일 겁니다. 이런 기업은 망할 수밖에 없는데요, 이런 경우를 흑자 도산이라고 하죠. 따라서 기업의 경영성과를 평가할 때 당연히 손익계산서도 중요한 재무제표지만 현금흐름표를 동시에 고려해야 온전한 평가가 가능하다고 할 수 있습니다.

현금흐름표는 현금흐름을 영업활동, 투자활동, 재무활동으로 나누어 일정 기간의 현금의 증감을 구하고 여기에 기초 현금을 더하여 기말 현금을 산출합니다. **영업활동으로 인한 현금흐름**은 기업이 외부로부터 자금의 조달 없이 기업의 정상적인 영업활동을 위해 얼마나 많은 현금을 창출했는지 보여주죠. **투자활동으로 인한 현금흐름**은 미래 영업현금흐름을 창출할 자원의 구입 및 처분으로 인한 현금흐름으로 유형자산의 구입 및 처분 등이 여기에 속합니다. **재무활동으로 인한 현금흐름**은 기업의 자금 조달 및 배분에 대한 현금흐름으로 자본금 증가, 현금 차입, 배당금 지급, 차입금 상환 등이 여기에 속합니다.

09 자본변동표 및 이익잉여금처분계산서란?

자본변동표는 일정 기간 동안의 기업 자본의 크기 및 그 변동에 관한 정보를 제공하는 재무제표입니다. 자본은 자산에 대한 잔여청구권이자 주주지분이라고 말씀드렸죠. 기업에 투자한 주주라면 당연히 자신의 몫이 얼마이고 어떠한 요인으로 변동되었는지 궁금하겠죠. 나중에 다시 설명하겠지만 자본은 발생원천별로 자본금, 자본잉여금, 자본조정, 기타포괄손익누계액, 이익잉여금으로 구분합니다. 자본변동표는 이렇게 원천별로 자본의 증감에 대한 정보를 제공하게 됩니다.

   기업이 경영활동 결과 이익이 발생하고 이익이 매 회계기간 차곡차곡 쌓인 것을 **미처분이익잉여금**이라고 하는데요, 기업은 이러한 미처분이익잉여금을 어떻게 처분할 것인지 결정해야 합니다. 이러한 미처분이익잉여금의 처분 내역에 대한 정보를 제공하는 재무제표가 **이익잉여금처분계산서**입니다. 미처분이익잉여금 처분의 가장 대표적인 것이 **배당**으로 기업은 이익잉여금이 있어야만 배당이 가능하죠. 이외에도 기업의 경영상 목적을 위해 미처분이익잉여금을 처분할 수도 있습니다. 미처분이익잉여금은 전기이월처분이익잉여금에 당기에 발생한 이익을 더하여 산출하고 미처분이익잉여금 중 이익잉여금을 처분하고 남은 금액이 차기이월미처분이익잉여금으로 이월됩니다.

> 미처분이익잉여금 = 전기이월미처분이익잉여금 + 당기순이익
> 차기이월미처분이익잉여금 = 미처분이익잉여금 − 이익잉여금 처분액

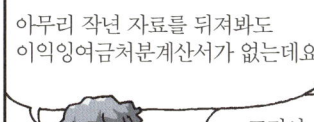

10 떼려야 뗄 수 없는 재무제표의 **상호관련성**

지금까지 각 재무제표에 대해 설명했는데요, 여기서는 각 재무제표가 서로 어떻게 연결되는지 얘기해보죠. 경제적 거래나 사건을 회계로 인식할 경우 이 거래는 재무제표의 구성요소인 자산, 부채, 자본, 수익, 비용, 차익, 차손 중 최소 두 개가 관련되어 있죠. 소위 거래를 차변과 대변으로 나누어 분개를 한다는 얘기인데요, 차변과 대변에 각 재무제표의 구성요소가 서로 같이 나오게 됩니다. 예를 들어, 상품 판매라는 거래를 인식할 경우 차변에 현금이라는 재무상태표의 자산이, 대변에 매출이라는 손익계산서의 수익이 동시에 인식되죠. 이렇듯 거래를 인식할 때부터 각 재무제표는 떼려야 뗄 수 없는 관계에 있다고 할 수 있죠. 물론 각 재무제표가 독자적으로 제공하는 회계정보의 의미도 중요하지만 서로의 연관성을 이해할 때 보다 많은 의미를 갖게 됩니다. 한 개의 다리라도 없으면 불안정한 의자처럼 말이죠. 예를 들어, 기업의 수익성을 평가하는 지표로 자기자본이익률이라는 것이 있는데요, 당기순이익을 자본으로 나누어 산출합니다. 여기서 당기순이익은 손익계산서에서, 자본은 재무상태표에서 제공되는 정보이죠. 당기순이익 자체만으로도 기업의 수익성을 평가하는 정보가 되지만 재무상태표의 자본의 도움을 빌려 자기자본이익률을 산출할 수 있다면 보다 의미있는 정보를 제공받을 수 있습니다.

이런 각 재무제표의 상호 관련성을 고려하지 않고 재무제표를 보면 각 계정과목의 금액들이 서로 따로따로 노는 것 같이 보입니다. 하지만 회계는 복식부기라는 아주 강력한 도구를 갖고 있기 때문에 각 재무제표는 씨줄 날줄이 엮여 있는 것처럼 정교하게 연결되어 있죠.

먼저 **재무상태표와 손익계산서**를 볼까요? 기업은 경영 활동의 결과로 손익계산서상의 당기순이익이 발생하죠. 이 당기순이익은 주주의 몫을 증가시키므로 재무상태표의 자본이 증가하게 됩니다. 자본에서도 미처분이익잉여금으로 대체가 되는데요, 이처럼 미처분이익잉여금은 재무상태표와 손익계산서를 연결하는 고리가 되는 거죠.

두 번째로 **현금흐름표와 재무상태표 및 손익계산서**인데요, 영업활동으로 인한 현금흐름은 손익계산서의 당기순이익을 기본으로 영업활동과 관련된 자산·부채의 변동액을 가감하여 산출하게 됩니다. 무슨 말인지 금방 이해가 되지 않을 수 있는데요, 여기에서는 발생주의에 따라 작성된 손익계산서를 현금주의로 전환하는 과정 정도로 이해하고 현금흐름표 각론에서 설명하겠습니다. 한편, 투자활동으로 인한 현금흐름은 재무상태표의 자산 중 투자와 관련된 투자자산, 유형자산, 무형자산과 관련이 있는데요, 이들 자산의 증가는 현금 유출로, 감소는 현금 유입으로 기록되죠. 당연하겠죠? 자산을 취득하기 위해서는 현금이 지출될 것이고 자산을 처분하면 현금이 들어올 테니까요. 또 재무활동으로 인한 현금흐름은 주로 부채와 자본과 관련된 것으로 이들 부채와 자본의 증가는 현금 유입으로, 감소는 현금 유출로 기록됩니다. 예를 들어, 차입금이 증가했다면 대신 현금이 들어왔을 것이고 감소했다면 상환한 것이므로 현금이 나가겠죠. 이렇게 각각의 현금흐름을 정확히 계산했다면 현금흐름표상의 기초 현금과 기말 현금은 각각 재무상태표의 전기와 당기의 현금과 일치하게 됩니다.

마지막으로 **재무상태표와 이익잉여금처분계산서 및 자본변동표**의 상호관련성인데요, 이것은 이미 이익잉여금처분계산서 및 자본변동표를 설명하면서 말씀드린 바와 같이 각각 재무상태표의 미처분이익잉여금의 처분 내역과 자본의 변동 내역을 제공하는 재무제표이므로 관련성에 대해 부연을 할 필요는 없겠죠?

기업의 경영활동으로 인해 거래가 발생하면 이것을 회계로 인식해야 하는데요, 회계에서 인식이란 거래나 사건의 경제적 효과를 자산, 부채, 자본, 수익, 비용 등으로 재무제표에 표시하는 것을 말합니다. 거래를 재무제표라는 집에 초대하는 것이라 할 수 있는데요, 초대장은 복식부기에 따른 분개죠. 그런데 재무제표는 조금 까다로워서 아무나 초대하지 않고 자격을 갖춘 경우에만 초대하지요.

제2부

재무제표를 만드는 데 필요한 원칙들

11 자산과 부채를 인식하려면?
_자산·부채의 인식조건

기업의 경영활동으로 인해 거래가 발생하면 이것을 회계로 인식해야 하는데요, 회계에서 **인식**이란 거래나 사건의 경제적 효과를 자산, 부채, 자본, 수익, 비용 등으로 재무제표에 표시하는 것을 말합니다. 거래를 재무제표라는 집에 초대하는 것이라 할 수 있는데요, 초대장은 복식부기에 따른 분개죠. 그런데 재무제표는 조금 까다로워서 아무나 초대하지 않고 자격을 갖춘 경우에만 초대하지요. 초대받기 위해서는 다음의 세 가지 조건을 모두 만족해야 합니다.

> **회계의 인식조건**
> - 당해 항목이 재무제표 기본 요소를 충족시킬 것
> - 당해 항목과 관련된 미래 경제적 효익이 기업에 유입되거나 또는 유출될 가능성이 매우 높을 것
> - 당해 항목에 대한 측정 속성이 있으며 이 측정 속성이 신뢰성 있게 측정될 수 있을 것

좀 풀어볼까요? 첫 번째 조건은 너무 당연합니다. 이름도 알 수 없는 사람을 초대할 수 없잖아요. 적어도 "난 자산이라고 해"라고 할 정도는 돼야겠죠. 두 번째 조건은 신원을 확인하는 거죠. 이름은 알겠는데 정말 초대할 자격이 있는지 확인하는 것이죠. 이 조건은 불확실성하에서 경영활동을 수행하는 기업의 환경을 반영한 것으로, 재무제표 작성시점

에서 이용가능한 증거를 토대로 미래 경제적 효익의 발생 가능성이 매우 높은가의 여부로 평가하여야 합니다. 두 번째 조건까지 충족시켰으면 마지막으로 좀 치사하게도 자신의 가치를 그것도 수치로 증명해야 재무제표라는 집에 들어갈 수 있습니다. 다만 추정치라도 합리적인 근거가 있을 경우 당해 항목을 인식할 수 있습니다. 실제로 회계에서 추정을 필요로 하는 계정과목은 무수히 많죠. 만약 추정의 근거가 불충분하여 추정치가 신뢰할 수 없는 수준이라면 인식조건을 충족시키지 못하므로 재무제표에 인식할 수 없습니다. 대신 그 내용이 중요하다면 주석 등으로 공시하여야 합니다.

그럼 지금까지 설명한 인식조건을 재무제표 구성요소에 끼워 맞춰보겠습니다. 먼저 자산입니다. 자산은 당해 항목에 내재된 미래의 경제적 효익이 기업에 유입될 가능성이 매우 높고 그 금액을 신뢰성 있게 측정할 수 있다면 재무상태표에 인식합니다. 여기서 경제적 효익이 기업에 유입될 가능성이 낮다면 어떻게 해야 할까요? 당연히 인식조건을 충족시키지 못했으니 자산이 될 수 없고 당해 지출은 비용으로 인식되어야 합니다. 어느 기업이 재고자산을 보관하기 위해 창고를 하나 지었다고 합시다. 이 때 창고는 재고자산을 정상적으로 팔기 위해 필요한 보관이라는 역할을 할 것이므로 기업에게 효익을 제공하는 것입니다. 따라서 기업의 입장에서 자산이라고 할 수 있습니다. 그런데 창고를 완성하자마자 태풍에 무너져 사용할 수 없는 지경이 되었다면 이 창고는 더 이상 기업에게 어떤 효익도 제공할 수 없겠죠? 따라서 이런 경우에는 창고를 위한 지출은 자산이 아닌 비용이 되는 겁니다. 자산을 경제적 효익이라는 용어를 사용하여 설명해서 그렇지 알고 보면 상식적인 얘기에 불과하죠.

다음은 부채입니다. 부채는 기업이 현재의 의무를 미래에 이행할 때 경제적 효익이 유출될 가능성이 매우 높고 그 금액을 신뢰성 있게 측정할 수 있다면 재무상태표에 인식합니다. 따라서 경제적 효익의 유출가능성이 낮은 미이행계약은 부채로 인식하지 않는 것이 일반적이죠. 한편, 자본은 자산에서 부채를 차감하여 산출한다고 하였으니 따로 인식기준이 존재하지 않습니다.

12. 수익과 비용을 인식하려면?
_수익·비용의 인식조건

자, 이제 손익계산서의 구성 요소인 수익의 인식조건을 볼까요? 수익은 경제적 효익이 유입됨으로써 자산이 증가하거나 부채가 감소하고 그 금액을 신뢰성 있게 측정할 수 있을 때 인식합니다. 수익의 인식조건을 가만히 들여다보면 완전히 일치하는 건 아니지만 자산의 인식조건을 수익 측면에서 설명한 것이라 할 수 있죠. 따라서 수익의 인식은 자산의 증가(또는 부채의 감소)와 동시에 이루어집니다. **수익의 인식조건**은 좀 더 구체적으로 설명할 필요가 있는데요, 다음의 두 가지 조건을 모두 만족해야 하죠.

> **수익의 인식조건**
> - 수익은 실현되었거나 또는 실현 가능한 시점에 인식할 것
> - 수익은 그 가득과정이 완료되어야 할 것

첫 번째 조건에서 수익이 실현 가능하다는 것은 수익의 발생과정에서 수취 또는 보유한 자산이 일정액의 현금 또는 현금청구권으로 즉시 전환될 수 있음을 의미하는 것으로 수익은 상품, 제품 또는 기타자산이 현금 또는 현금청구권으로 교환되는 시점에 실현됩니다. 두 번째 조건은 기업의 수익 창출활동은 재화의 생산 또는 인도, 용역의 제공 등으로 나타나며 수익 창출에 따른 경제적 효익을 이용할 수 있다고 주장하기에 충분한 정도의 활동을 수행하였을 때 가득과정이 완료되었다고 보죠. 예를 들어 제품 하나를 만들어 판매한다고 가정할 경우 사실 수익 창출활동은 그 제품을 만들기 위해 원재료를 구매하고 제조활동을 거쳐 판매하는 전 과정에서 일어난다고 할 수 있습니다. 그러나 회계에

서는 그 가득과정의 완료와 현금 또는 현금청구권으로 즉시 전환 가능할 때 수익을 인식하므로 제품이 완성되고 거래처에 인도되었을 때 수익을 인식하게 됩니다. 이렇게 회계는 수익을 인식하기 위한 가장 중요한 사건 critical event 이 일어났을 때 수익을 인식하게 되는데요, 제품의 판매라는 거래에서는 인도를 가장 중요한 사건으로 보고 있습니다. 따라서 회계에서 수익을 인식한다는 것은 수익의 창출과정은 기업의 경영활동(경제학 용어로 말하면 부가가치의 창출 활동) 전반에서 일어나지만 수익을 인식하기 위한 가장 중요한 사건을 찾는 과정이라 할 수 있죠.

> **비용의 인식조건**
>
> 경제적 효익이 사용 또는 유출됨으로써 자산이 감소하거나 부채가 증가하고 그 금액이 신뢰성 있게 측정할 수 있을 때

비용은 수익의 인식과는 반대로 자산의 감소나 부채의 증가와 동시에 일어나겠죠. 비용의 인식은 대개 세 가지 경우로 나눌 수 있는데요, 첫 번째가 수익과 직접 관련하여 발생하는 비용으로 수익을 인식할 때 대응하여 인식하게 됩니다. 이것을 소위 **수익비용대응의 원칙**이라고 하는데요, 바늘에 실 따라 가듯이 항상 짝을 지어 동일한 회계기간에 인식되어야 하는 함을 의미합니다. 예를 들어 상품을 판매하면 매출이라는 수익도 발생하지만 매출원가라는 비용도 동시에 인식해야 합니다. 두 번째로 수익에 직접적으로 대응할 수 없는 비용이 있는데요, 이 비용은 재화 및 용역의 사용으로 현금이 지출되거나 부채가 발생하는 회계기간에 인식합니다. 같이 갈 짝이 없으니 비용의 조건을 만족하면 바로 비용으로 인식되는 거죠. 나중에 설명할 판매비와관리비에 속한 비용들이 거의 이런 성격의 비용입니다. 세 번째는 자산으로부터의 효익이 여러 회계기간에 걸쳐 기대되는 경우 이와 관련하여 발생한 비용을 그 회계기간에 대응이 되도록 나누어 인식하는 비용입니다. 가장 대표적인 비용이 유형자산의 감가상각비인데요, 유형자산은 대개 여러 해를 두고 사용할 목적으로 구입한 자산이므로 그에 따른 감가상각비도 그 유형자산이 사용될 수 있는 기간에 나누어 인식하는 것이 상식적이고 합리적이라 할 수 있겠죠.

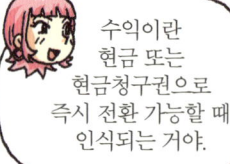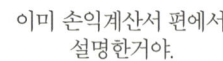

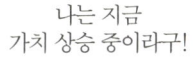

13. 발생, 발생, **발생주의!**

발생주의는 회계의 근간을 이루는 중요한 원칙입니다. 기업실체의 경제적 거래나 사건에 대해 관련된 수익과 비용을 그 현금 유출입이 있는 기간이 아니라 당해 거래나 사건이 발생한 기간에 인식하는 것을 말하죠. 발생주의의 반대는 모든 회계처리를 현금의 유출입을 기준으로 하는 **현금주의**라고 할 수 있습니다. 발생주의냐 현금주의냐를 따지는 것은 재무제표의 기본가정 중 기간별 보고의 가정에 때문에 생기는 문제라고 볼 수도 있습니다. 만약 재무제표를 기업이 완전히 끝나는 시점에 한 번만 보고한다면 발생주의로 하든 현금주의로 하든 회계수치는 같아집니다.

왜 발생주의를 사용하는지 예를 들어볼까요? 발생기업이 12월 15일에 상품 1개를 100,000원에 판매하고 판매대금은 1개월 이후에 받기로 했습니다. 발생기업은 12월 31일에 결산을 합니다. 현금주의라면 어떻게 해야 할까요? 당연히 아무 짓도 안하고 가만히 있어야겠죠. 그러면 발생주의라면? 발생주의에서는 현금 수취라는 사건은 발생하지 않았지만 이미 상품 인도라는 가장 중요한 사건이 발생했으므로 매출과 매출원가를 인식하게 되죠. 그럼, 양자 중 어떤 경우가 정보이용자에게 더 유용할까요? 현금주의 기준에 의하면 이 기업은 그 회계기간 동안 판매라는 경영활동을 전혀 하지 않은 기업으로 보일 수 있겠죠? 그러나 발생주의 기준에서 보면 이 기업은 판매활동도 했고 조금 있으면 그 판매활동으로 인한 현금도 들어올 것이라는 정보를 제공하게 됩니다. **발생주의는 현금주의에 비해 신뢰성은 조금 떨어지지만 목적적합성에서는 비교가 안 되게 우월하답니다.**

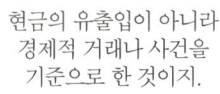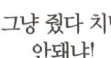

14 재무제표 얼마로 하지?
_재무제표 기본 요소의 측정

회계의 인식조건으로 측정 속성을 말씀을 드렸죠? **측정**은 재무제표의 기본요소에 대해 얼마로 할 것인지 화폐금액을 결정하는 것을 말하는데요, 재무제표의 기본요소는 그 특성에 따라 각자 다르게 측정됩니다. 즉, 여러 측정 속성 중 하나를 선택하여 측정하게 된다는 얘기죠. 이미 말씀드린 것처럼 자산과 부채의 증감은 수익과 비용의 증감을 동시에 일으키기 때문에 자산과 부채의 금액이 결정되면 수익과 비용은 자동으로 결정되죠. 따라서 대개 측정 속성을 설명할 때 자산과 부채를 기준으로 설명합니다.

그럼 측정 속성의 종류에 대해 알아볼까요? 회계에서 측정 속성은 매우 낯설고 어려운 부분일 수도 있는데요, 각 계정과목에서 설명될 때 더 이해가 쉬우니 가벼운 마음으로 읽도록 하죠. 가장 대표적인 것이 **취득원가**로 자산의 취득원가는 자산을 취득하였을 때 그 대가로 지급한 현금, 현금등가액 또는 기타 지급수단의 공정가치를 말합니다. 일명 역사적 원가라고도 하죠. 부채의 경우는 취득원가라고 표현하지 않고 역사적 현금수취액이라고 하는데요, **부채의 역사적 현금수취액**은 그 부채를 부담하는 대가로 수취한 현금 또는 현금등가액입니다. 여기서 '취득' 혹은 '역사적'이라는 표현을 쓰는 것은 대개 어떤 거래가 처음 발생했을 때 사용되는 측정 속성이기 때문이죠. 실제로 대부분의 자산과 부채는 취득원가와 역사적 현금수취액이 가장 기본적인 측정 속성입니다. 두 번째로 **공정가치**가 있는데요, 공정가치는 독립된 당사자 간의 현행 거래에서 자산이 매각 또는 구입되거나 부채가 결제 또는 이전될 수 있는 교환가치를 말합니다. 쉽게 공정가치는 시장가격 또는 그 추정치라고 생각하면 되는데요, 보통 최초 거래에서 취득원가 또는 역사적 수취액으로 인식

후 결산시점 등에서 공정가치로 평가해야 하는 자산과 부채에 적용됩니다. 주로 유가증권 등을 결산시점에 평가할 때 사용됩니다.

　세 번째로 **기업특유가치**가 있는데요, 자산의 기업특유가치는 기업이 자산을 사용함에 따라 당해 기업의 입장에서 인식되는 현재가치를 말하며 사용가치라고도 합니다. 부채의 기업특유가치는 기업이 그 의무를 이행하는 데 예상되는 자원 유출의 현재가치를 의미합니다. 설명 참 어렵습니다. 여기서는 단지 기업특유가치는 기업의 능력과 상황에 따라 다르게 측정될 수 있으므로 '기업특유'라는 표현을 쓴다는 것과 자산 또는 부채로부터 유입될 또는 유출될 현금흐름을 추정하여 적당한 이자율로 할인하는 방법이라는 정도만 설명하겠습니다. 주로 유형자산이나 무형자산의 자산손상을 결산시점에 평가할 때 사용하죠.

　네 번째로 **상각후원가**가 있습니다. 이것은 금융자산 취득 및 금융부채 발생시점의 유출입되는 가격과 당해 자산 또는 부채로부터 발생하는 미래 명목현금흐름의 현재가치를 일치시키는 이자율로 당해 자산과 부채에 대한 현재의 가액을 측정하는 것을 말합니다. 이때의 이자율을 유효이자율이라고 하는데요, 주로 사채나 장기성 채권 및 채무를 평가할 때 사용합니다.

　마지막 측정 속성으로 순실현가능가치와 이행가액이 있습니다. **자산의 순실현가능가치**는 정상적인 영업활동 과정에서 미래에 당해 자산이 현금 또는 현금등가액으로 전환될 때 받을 것으로 예상되는 금액에서 그러한 전환에 직접 소요될 비용을 차감한 가액으로 정의됩니다. 반면, **부채의 이행가액**은 미래에 그 의무의 이행으로 지급될 현금 또는 현금등가액에서 그러한 지급에 직접 소요될 비용을 가산한 가액을 말합니다. 재고자산의 저가법 평가나 유형자산과 무형자산의 자산손상을 결산시점에 평가할 때 사용합니다. 요약하면 회계는 취득원가를 기본 측정 속성으로 하며 자산과 부채의 성격에 따라 공정가치 및 기타 측정 속성을 적용한다고 할 수 있습니다. 이렇게 여러 개의 측정 속성을 사용하는 이유는 다시 원점으로 돌아가 회계정보가 유용한 정보가 되도록 신뢰성과 목적적합성을 고려한 결과라 할 수 있죠. 신뢰성이 가장 높은 취득원가를 취하되 목적적합성을 위해 다른 측정 속성도 필요한 거죠.

15 재무제표가 나오기까지 무슨 일을 거치는가?

지금까지 회계의 일반론에 대해 여러 가지를 얘기했지만 결국은 회계의 국가대표인 재무제표를 작성하기 위한 준비 과정이라고 할 수 있습니다. 그럼, 실무적으로 재무제표는 어떻게 작성될까요? 하늘에서 뚝 떨어지지는 않을 테고 몇 단계를 거치게 되는데요, 먼저 거래를 복식부기 원리에 따라 분개하여 전표라는 것을 만들게 되죠. 회계에서 **거래**란 기업의 재무상태 및 경영성과에 영향을 주는 일체의 사건을 의미합니다. 이런 거래들은 분개를 통해 항상 차변과 대변으로 기록되는데요, 이 때 차변에는 자산의 증가, 부채의 감소, 자본의 감소, 비용의 발생이, 대변에는 자산의 감소, 부채의 증가, 자본의 증가, 수익의 발생이 기록됩니다. 이처럼 차변에 기록되는 4개의 거래와 대변에 기록되는 4개의 거래를 합쳐서 **거래의 8요소**라고 합니다. 따라서 각각의 4개의 거래가 서로 결합한 것을 분개라고 할 수 있죠. 모든 분개의 차변의 합과 대변의 합이 일치한다는 것은 이미 말씀드렸죠? 이것을 **대차평균의 원리**라고 합니다. 기업은 이런 분개들을 기입하는 서식이 있는데요, 이를 **전표**라고 하죠.

기업은 회계기간 중 거래가 발생할 때마다 이런 전표를 작성합니다. 전표가 작성되면 전표의 내용을 각 계정과목별로 모으는 장부가 필요한데요, 보통 이 장부를 **총계정원장**이라고 합니다. 이 총계정원장은 각 계정과목의 걸어온 길을 알려주는 장부로 일자별 거래 내용이 기록됩니다. 지금까지 말씀드린 과정은 회계기간 중의 거래를 기록하는 절차로 결산시점이 되어서야 하는 분개도 있는데요, 일명 **결산분개**라고 합니다. 각 계정과목별로 설명

되겠지만 매출채권의 대손충당금 설정, 재고자산의 기말 평가, 유가증권의 평가, 유형자산의 감가상각비 계상, 선급비용 또는 미지급비용의 수정 등이 기말에 이루어지는 결산분개에 해당하죠. 물론 이 분개도 총계정원장에 기록됩니다. 이렇게 만들어진 총계정원장을 기업의 결산시점에 차변은 차변대로 대변은 대변대로 합산한 것을 시산표라고 하는데요, 차변과 대변을 단순히 합산한 것을 합계시산표, 각 계정과목 원장에서 먼저 차변과 대변을 차감하여 잔액만을 합산한 것을 잔액시산표라고 합니다. 이렇게 더한 차변의 합과 대변의 합은 당연히 일치해야겠죠. 대차가 맞는 분개를 10개를 합치든 1,000개를 합치든 차변과 대변의 합이 다를 순 없는거죠. 시산표는 이렇게 대차평균의 원리를 검증하기 위한 것으로 차이가 발생하였다면 총계정원장이 잘못되었다는 것을 의미하므로 의심스러운 계정과목을 검증해봐야 합니다.

이 시산표를 가지고 재무상태표의 기본요소인 자산, 부채, 자본을 재무상태표의 양식에 따라 예쁘게 모으면 이것이 재무상태표고 손익계산서의 기본요소인 수익과 비용을 손익계산서의 양식에 따라 이 역시 예쁘게 모으면 손익계산서가 됩니다. 현금흐름표, 자본변동표, 이익잉여금처분계산서는 왜 말이 없냐고요? 이 세 개의 재무제표는 재무상태표와 손익계산서를 이용해서 2차적으로 만들어지는 재무제표입니다. 따라서 재무상태표와 손익계산서에 비해 비교적 쉽게 작성할 수 있습니다.

한편, 재무제표를 작성한 후 차기의 재무제표를 작성하기 위해 총계정원장의 잔액을 차기로 이월해야 하는데요, 재무상태표의 기본요소인 자산, 부채, 자본은 결산시점의 기업의 재무상태를 나타내는 기본 요소이므로 잔액이 차기로 이월되지만 손익계산서의 수익과 비용은 자본 중 이익잉여금으로 대체되므로 잔액이 이월되지 않고 0에서 다시 시작하게 됩니다.

재무상태표의 구성요소는 자산, 부채, 자본이라고 말씀드렸죠? 먼저 자산은 유동자산과 비유동자산으로 구분합니다. 다시 유동자산은 다시 당좌자산과 재고자산으로 구분하며, 비유동자산은 투자자산, 유형자산, 무형자산, 기타비유동자산으로 구분합니다. 한편, 부채는 유동부채와 비유동부채로 구분합니다.

제3부

재무상태표

16. 재무상태표는 어떤 기준으로 만들까?

재무상태표의 계정과목을 하나하나 설명하기에 앞서 이런 계정과목이 재무상태표에 어떤 기준에 따라 분류되고 표시되는지 알아보겠습니다. 각 계정과목에 대해 이해 없이 갑자기 재무상태표의 구조를 얘기하면 "이거 뭐야"라고 할 수도 있지만 재무상태표를 찾아 가기 위한 지도를 먼저 받았다고 생각하고 가벼운 마음으로 보도록 하세요. 자, 시작할까요?

재무상태표의 구성요소는 자산, 부채, 자본이라고 말씀드렸죠? 먼저 자산은 유동자산과 비유동자산으로 구분합니다. 다시 유동자산은 다시 당좌자산과 재고자산으로 구분하며, 비유동자산은 투자자산, 유형자산, 무형자산, 기타비유동자산으로 구분합니다. 한편, 부채는 유동부채와 비유동부채로 구분합니다.

재무상태표에 자산과 부채를 구분하는 기준이 두 개가 있었네요. 하나는 **유동성**에 따른 구분이고 하나는 **자산과 부채의 성격과 기능**에 따른 구분입니다. 먼저 유동성과 비유동성의 구분은 1년을 기준으로 합니다. 즉, 1년 이내에 실현(쉽게 현금의 유입과 유출)되는 자산과 부채는 유동으로 1년을 초과하는 것은 비유동으로 구분한다는 얘기죠. 참고로 기업의 정상적인 영업주기(제조업의 경우 제조과정에 투입될 재화와 용역을 취득한 시점부터 제품의 판매로 인한 현금의 회수 완료시점까지 소요되는 기간)가 1년을 초과하는 경우가 있을 수 있는데요, 이런 경우 해당 계정과목이 비록 1년을 초과하더라도 영업주기 내라면 유동으로 분류합니다. 그러나 실무적으로는 기업의 영업주기를 추정하는 것이 쉽지 않기 때문에 일반적으로 1년 기준을 따르죠.

　그럼 자산과 부채를 유동성 기준에 따라 구분하는 이유는 뭘까요? 이는 기업의 자산과 부채를 운전자본으로 사용되는 것과 장기 경영활동에 사용되는 것으로 구분하는 잣대를 제공하고 기업의 유동성과 지급능력을 평가하는 데 유용하기 때문입니다. 다음으로 자산과 부채를 그 성격과 기능에 따라 구분하는 이유는 기업의 안전성, 활동성, 미래수익 창출잠재력, 채무변제능력, 배당지급능력 등이 자산과 부채의 성격과 기능에 따라 결정되기 때문이죠. 예를 들어, 투자자산은 기업의 부수적인 기업활동의 결과로 보유하는 자산인 반면 유형자산과 무형자산은 기업 본연의 영업활동을 수행하기 위해 보유하는 자산입니다. 이러한 자산의 절대적 크기 또는 상대적 비율은 기업의 성장잠재력 등을 평가하는 데 유용합니다.

　한편 자본은 자본금, 자본잉여금, 자본조정, 기타포괄손익누계액, 이익잉여금(결손금)으로 구분합니다. 계정과목들이 많이 낯설지요? 자세한 설명은 나중에 각론에서 하기로 하고 여기서는 단지 이러한 구분이 자본의 변동이 어떤 거래에서 발생했느냐와 법률적 요구(주로 상법)에 기인한다는 사실만 기억해두기로 합시다.

　그럼 이러한 재무상태표 작성 기준에 따라 작성된 대표적인 재무상태표 양식을 볼까요?
　앞으로 이 재무상태표라는 지도를 들고 각 계정과목 여행을 떠나보도록 하겠습니다. 각 계정과목은 어떻게 정의되고 어떤 거래로 발생하며 결산시점에 어떻게 평가되며 또 어떻게 소멸되는지 그리고 그 회계적 의미는 무엇인지 알아보는 것이 이 여행의 주목적이라고 할 수 있습니다. 자, 떠날 준비 되셨습니까?

재무상태표

제 7 기 20X1년 12월 31일 현재
제 6 기 20X0년 12월 31일 현재

가원주식회사 (단위 : 천원)

과목		당기		전기
자산				
I. 유동자산		80,680,000		79,655,000
(1) 당좌자산		19,780,000		17,655,000
1. 현금 및 현금성자산	10,000,000		8,500,000	
2. 단기금융상품	2,000,000		2,000,000	
3. 매출채권	5,500,000		4,600,000	
대손충당금	(55,000)		(46,000)	
4. 미수금	645,000		531,000	
5. 선급금	500,000		730,000	
6. 단기대여금	300,000		300,000	
7. 미수수익	70,000		80,000	
8. 선급비용	820,000		960,000	
(2) 재고자산		60,900,000		62,000,000
1. 상품	30,000,000		20,000,000	
2. 원재료	2,500,000		3,000,000	
3. 재공품	5,400,000		7,000,000	
4. 제품	23,000,000		32,000,000	
II. 비유동자산		167,600,000		160,280,000
(1) 투자자산		7,700,000		7,110,000
1. 장기금융상품	1,000,000		1,000,000	
2. 매도가능증권	2,500,000		2,310,000	
3. 지분법적용투자주식	4,200,000		3,800,000	
(2) 유형자산		145,700,000		137,850,000
1. 토지	25,000,000		25,000,000	
2. 건물	72,000,000		70,000,000	
감가상각누계액	(25,000,000)		(23,000,000)	
3. 기계장치	130,000,000		120,000,000	
감가상각누계액	(61,000,000)		(58,000,000)	
4. 비품	3,200,000		3,300,000	
감가상각누계액	(1,500,000)		(1,450,000)	
5. 건설중인자산	3,000,000		2,000,000	
(3) 무형자산		11,000,000		11,920,000
1. 영업권	2,500,000		2,800,000	
2. 산업재산권	100,000		120,000	
3. 개발비	8,400,000		9,000,000	
(4) 기타비유동자산		3,200,000		3,400,000
1. 장기성매출채권	1,400,000		1,800,000	
2. 임차보증금	300,000		300,000	
3. 이연법인세자산	1,500,000		1,300,000	
자산총계		248,280,000		239,935,000

재무상태표

제 7 기 20X1년 12월 31일 현재
제 6 기 20X0년 12월 31일 현재

가원주식회사 (단위 : 천원)

과목	당기		전기	
부채				
I. 유동부채		50,000,000		57,100,000
1. 매입채무	3,700,000		3,200,000	
2. 미지급금	4,100,000		3,800,000	
3. 단기차입금	20,000,000		30,000,000	
4. 선수금	5,200,000		4,800,000	
5. 선수수익	3,600,000		2,400,000	
6. 미지급비용	1,200,000		1,000,000	
7. 예수금	700,000		700,000	
8. 당기법인세부채	1,500,000		1,200,000	
9. 유동성장기부채	10,000,000		10,000,000	
II. 비유동부채		73,900,000		63,700,000
1. 장기차입금	40,000,000		50,000,000	
2. 사채	30,000,000		10,000,000	
3. 임대보증금	1,700,000		1,700,000	
4. 퇴직급여충당부채	1,500,000		1,300,000	
5. 마일리지충당부채	700,000		700,000	
부채총계		123,900,000		120,800,000
자본				
I. 자본금		60,000,000		60,000,000
1. 보통주자본금	60,000,000		60,000,000	
II. 자본잉여금		7,500,000		7,500,000
1. 주식발행초과금	5,000,000		5,000,000	
2. 기타자본잉여금	2,500,000		2,500,000	
III. 자본조정		2,300,000		2,300,000
1. 자기주식	1,800,000		1,800,000	
2. 자기주식처분이익	500,000		500,000	
IV. 기타포괄손익누계액		190,000		-
1. 매도가능증권평가이익	190,000		-	
V. 이익잉여금		54,390,000		49,335,000
1. 이익준비금	10,000,000		9,900,000	
2. 임의적립금	5,000,000		5,000,000	
3. 미처분이익잉여금	39,390,000		34,435,000	
자본총계		124,380,000		119,135,000
부채및자본총계		248,280,000		239,935,000

17 계정과목의 주연 _현금 및 현금성자산

현금은 기업활동의 처음이자 마지막이라고 할 수 있습니다. 기업활동을 시작하기 위해서는 출자를 하든 차입을 하든 현금이 필요하죠. 그리고 좀 냉정하게 들릴 수도 있지만 기업의 최종적인 목적은 이 현금을 이용해 더 많은 현금을 창출하는 것이라 할 수 있습니다. 따라서 좀 과하게 표현하면 모든 계정과목들은 현금의 또 다른 분신이자 현금이라는 주연을 위한 조연이라고 할 수 있죠. 공장에서 무게를 잡고 있는 육중한 기계장치도, 팔리기를 손꼽아 기다리고 있는 상품도, 이제 곧 주연이 될 것이라는 기대를 안고 있는 매출채권도 사실은 현금을 위한 또는 언젠가는 현금을 꿈꾸는 조연에 불과하죠. 현금흐름표라는 현금을 위한 재무제표가 따로 있다는 것에서도 현금이 얼마나 중요한지 알 수 있겠죠?

현금은 구체적으로 통화대용증권(통화, 타인발행수표 등), 당좌예금, 보통예금 등을 말합니다. **현금이 이렇게 주인공 대접을 받는 이유를 회계적 표현을 빌리면 유동성이 가장 뛰어나기 때문입니다.** 당연하겠죠? 현금은 유동성 그 자체니까. 그럼 현금성자산은 무엇일까요? 뭐 대충 현금과 비슷한 무엇이겠죠? 현금성자산은 현금이라 불릴 수는 없지만 현금이 아니라고 하기엔 뭔가 좀 억울한, 유동성이 매우 뛰어난 자산을 말합니다. 일반기업회계기준에서는 큰 거래비용 없이 현금으로 전환이 용이하고 이자율 변동에 따른 가치 변동의 위험이 경미한 금융상품으로서 취득 당시 만기(또는 상환일)가 3개월 이내인 것으로 정의하고 있습니다. 정의가 좀 장황한데요, 결국 예상컨대 3개월 이내에는 특별한 문제없이 현금으로 변신할 금융상품을 말합니다. 이런 현금성자산에는 취득 후 만기가 3개월 이내인 채권, 상환우선주, 환매체, CD, MMF, CMA 등이 있습니다.

18. 수취채권 집안에는 누가 사나?

수취채권은 어떤 거래로 인해 상대방으로부터 받을 돈을 말합니다. 수취채권은 어떤 거래로 발생했느냐에 따라 구분됩니다. 성은 같지만 이름이 다른 형제라고 할 수 있겠네요. 한 집안 식구라도 이름 정도는 따로 지어줘야겠죠? 또 이름은 서로 다르지만 같은 집안 형제들이니 공평하게 대하는 게 더 좋겠죠? 그래서 계정과목은 서로 다르지만 회계처리는 매우 유사합니다.

그럼 누가 수취채권 집안의 형제들인지 알아볼까요? 먼저 **매출채권**인데요, 매출채권은 일반적인 상거래로부터 발생된 수취채권으로 재고자산을 팔거나 용역을 제공하고 받아야 할 돈을 말합니다. 보통 일상생활에서는 이런 경우 외상을 줬다고 하죠. 그런데 외상을 주면서 어음을 받았다면 그 때 매출채권은 받을어음이라고 하고 그냥 신용으로 줬다면 외상매출금이라고 합니다. 일반적인 상거래에서 발생한 수취채권이 있다면 일반적 상거래 이외의 거래에서 발생한 수취채권도 있겠죠? 이런 경우의 계정과목이 **미수금**입니다. 예를 들면, 보유하고 있던 기계장치를 매각하는 경우 채권이 발생하는데요, 이 때 받아야 할 매각대가 미수금입니다. 결국 매출채권과 미수금의 차이는 주된 영업활동과의 관련 여부로 나뉜다고 할 수 있겠네요.

이외에도 대여금과 선급금 등이 있는데요. **대여금**은 금전소비대차 계약에 따라 거래 상대방에 돈을 빌려준 경우 채권자 입장에서 기재하는 계정과목이고요, **선급금**은 원재료나 상품 등을 매입하는 경우 아직 물건을 받지 않은 상태에서 거래의 보증이나 착수금 명목으로 미리 지급한 금액을 기재하는 계정과목입니다. 한편 수취채권은 거래 상대방 입장에서는 반대의 계정과목으로 기록되겠죠? 나중에 설명하겠지만 거래 상대방 계정은 지급채무라는 집안에 각각 매입채무, 미지급금, 차입금, 선수금이라는 또 다른 형제가 살고 있습니다.

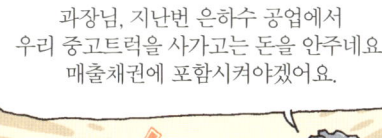

19 수취채권, 다 받을 수 있을까?

거래 상대방으로부터 받아야 할 돈을 수취채권이라고 했는데요, 그럼 이 돈을 다 받을 수 있을까요? 세상 사람의 마음이 내 마음과 같다면 다 받을 수도 있겠지만 어디 세상 사는 게 그런 가요? 가끔 떼이는 경우도 발생하죠. 기업은 결산시점마다 남아 있는 수취채권에 대해 떼이는, 즉 회수 불가능한 금액을 추정해서 수취채권을 평가합니다. 이 때 사용되는 재무상태표 계정이 **대손충당금**으로 수취채권 아래 차감하여 표시합니다. 상대계정인 손익계산서 계정은 **대손상각비** 또는 **대손충당금환입**입니다. 좀 더 자세한 회계처리를 설명하면 결산시점에 추정한 대손충당금과 결산 직전에 남아 있는 대손충당금을 비교하여 전자가 크다면 추가로 대손 설정이 필요하므로 대손충당금을 쌓고 상대계정으로 대손상각비를 계상합니다. 반대로 후자가 크다면 대손이 너무 많이 쌓여 있는 것이므로 대손충당금을 덜어내고 상대계정으로 대손충당금환입을 계상합니다.

> 결산시점 대손추정액 > 결산 직전 대손충당금 → 대손상각비 계상
> 결산시점 대손추정액 < 결산 직전 대손충당금 → 대손충당금환입 계상

지금까지는 결산시점의 대손 회계처리인데요, 회기 중에 실제로 대손이 발생하면 어떻게 해야 할까요? 이 때는 이미 쌓여 있는 대손충당금을 덜어내고 관련 수취채권을 장부에서 제각해야 합니다. 물론 실제 발생한 대손액이 쌓여 있는 대손충당금보다 크다면 쌓여 있는 대손충당금은 덜어내고 모자란 대손액만큼은 대손상각비로 처리해야 합니다. 인생

은 새옹지마라 항상 떼이는 것만은 아니고 가끔 제각하였던 수취채권을 회수하는 경우가 생기기도 하는데요, 이때는 회수한 현금의 상대계정으로 덜어냈던 대손충당금을 도로 쌓아주면 됩니다. 이 분개는 이미 대손처리했던 매출채권을 이제 받게 되었으므로 이를 취소하는 역분개와 이 매출채권을 현금으로 회수하는 분개가 합쳐진 것으로 생각하면 좀 더 쉽게 이해할 수 있습니다.

한편 대손을 회수 불가능한 금액을 추정하는 것으로 표현했는데요, 이는 실제 발생한 대손액으로 평가하는 것이 아니라 예상 대손액으로 평가한다는 것을 의미합니다. 이렇게 예상 대손액으로 수취채권을 평가하는 방법은 결산시점의 수취채권이 실제로 회수 가능한 금액으로 표시되는 장점이 있으며 수익·비용대응의 원칙에도 부합하는 방법입니다.

그럼 실무적으로는 대손은 어떻게 추정할까요? 보통 두 가지 방법이 혼용되는데요, 먼저 부도어음처럼 보나마나 거의 못 받을 것으로 예상되는 채권들은 따로 뽑아서 대손을 설정하고, 나머지 채권에 대해서는 **연령분석법**을 통해 대손을 설정합니다. 그럼 연령분석법이 뭐냐? 먼저 운동장에 학생들 줄 세우듯이 채권의 경과일수에 따라 쭉 줄을 세웁니다. 그리고 앞에서부터 적당히 나누어 그룹을 만듭니다. 그 다음 각각의 그룹에 일정한 대손율을 적용하는 것이지요. 이 때 대손율은 어떻게 추정하는지 의문이 들 수 있는데요, 보통 과거는 반복된다는 명제 아래 기업의 과거 대손경험율을 사용하게 됩니다. 이렇게 추정한 대손충당금은 실제 대손액과 어느 정도 일치할까요? 정답은 실제 대손이 나봐야 알 수 있다 입니다. 회계를 정확한 그 무엇으로 이해하고 있는 사람은 "뭐야 엉터리잖아" 이럴 수도 있지만 좀 과장되게 얘기하면 추정을 필요로 하지 않는 계정과목은 없다고 해도 과언은 아니며 따라서 100% 정확한 계정과목도 없습니다. 다만, 추정 당시에 가장 합리적 방법으로 최선을 다했다면 그것으로 족한 거죠. 실망스럽다고요? 어쩌겠습니까? 한 치 앞도 모르는 게 인생인 것을요.

20 수취채권의 예정 회수시기가 길면?

수취채권이 발생한 후 이를 회수하기까지 시간이 걸리는데요, 계약조건에 따라 이 회수기간이 장기(보통 1년 이상)인 경우가 있습니다. 회수기간이 장기인 수취채권은 각각의 수취채권 앞에 '장기'라는 말을 붙여 장기성매출채권, 장기성미수금, 장기대여금 등으로 부릅니다. 그리고 **장기성수취채권**은 단기 수취채권에 비해 추가적으로 회계적 고려사항이 있는데요. '시간은 금이다'라는 금언이 있죠? 회계에서도 어김없이 시간은 금입니다. 그래서 수취채권의 회수기간이 장기이면 단기에 비해 뭔가 손해를 보는 느낌이 듭니다. 이 뭔가 손해보는 느낌에 대한 회계처리가 수취채권의 **현재가치 회계처리**입니다.

장기성매출채권을 예로 들어 볼까요? 어떤 기업이 상품 1개를 팔았습니다. 상품대금을 즉시 받는 경우와 1년 후에 받는 경우 똑같은 금액을 받아야 할까요? 만약 똑같은 금액을 받는 기업이 있다면 회계적으로는 한참 모자란 기업이라 할 수 있습니다. 왜냐? 시간은 금이라는 사실을 모르는 기업이니까. 대개 기업은 회수시기를 미루어주는 대가로 일정 금액을 더 받습니다. 이 일정 금액을 우리는 흔히 **이자**라고 부르죠. 따라서 장기성매출채권은 매출 즉시 현금을 회수한다면 받아야 할 금액(현금판매가격)과 이자로 구성된다고 할 수 있는데 이 중 이자는 **현재가치할인차금** 계정이라 하고 장기성매출채권의 차감계정으로 표시합니다. 어떤 기업이 상품을 11만원(현금판매가격은 10만원)에 판매하고 1년 후에 판매대금을 받기로 한 경우 판매자 입장에서 구체적인 회계처리는 다음과 같습니다.

판매 시					
(차변)	장기성매출채권	110,000	(대변)	매출	100,000
				현재가치할인차금	10,000
판매대금 회수 시					
(차변)	현금 및 현금성자산	110,000	(대변)	장기성매출채권	110,000
	현재가치할인차금	10,000		이자수익	10,000

위 거래에서 적용된 이자율은 10%(=10,000원/100,000원)인데요, 이 이자율을 **유효이자율**이라고 하죠. 그런데 이 유효이자율은 어떻게 알 수 있을까요? 혹시 계약서에 쓰여 있을까요? 실무적으로는 계약조건에 있을 수도 있지만 없을 수도 있죠. 그럼 이자조건의 명문화 여부에 따라 회계처리가 달라져야 할까요? 호박에 줄을 긋는다고 해서 우리가 호박을 수박이라고 부르진 않죠? 회계도 형식보다 실질을 중시합니다. 따라서 이자조건이 계약서에 없더라도 현재가치할인차금을 계상해야 되는데요, 계약서에도 없는 이자율을 어떻게 구할까요?

말씀드린 바와 같이 회계는 할 수 없다고 포기하지 않고 최선을 다 합니다. 그래서 일반기업회계기준에서는 이럴 때 '꿩 대신 닭 전법'을 씁니다. 유효이자율이 가장 좋지만 그 거래의 유효이자율을 알 수 없다면 그 대신으로 **동종시장이자율**(그 거래의 관련 시장에서 형성되는 동종 또는 유사한 채권의 이자율)을 사용하는 거죠. 설날에 쇠고기가 없다고 떡국을 안 끓이는 것보다 돼지고기라도 넣고 먹는 게 낫겠죠?

21 이름을 불러줘야 비로소 꽃이 되는 **유가증권**

유가증권이라고 하면 여러분은 가장 먼저 떠오르는 것이 무엇인가요? 우리가 가장 흔하게 접할 수 있는 것이 주식이니까 아마도 주식이 가장 먼저 떠오를 거 같은데 맞나요? 회계에서는 주식뿐만 아니라 사채, 국채, 공채 등 재산권을 나타내는 증권을 통칭하여 **유가증권**이라고 합니다. 주식과 같이 어느 기업의 소유지분을 나타내는 유가증권을 **지분증권**, 사채, 국채, 공채와 같이 발행자에 대해 금전을 청구할 수 있는 유가증권을 **채무증권**이라고 합니다.

그럼 기업은 유가증권을 왜 보유하고 있는 걸까요? 먼저 여유자금으로 운영하기 위해 유가증권을 취득하는 경우가 있을 수 있겠죠. 두 번째로 유형자산 등을 취득할 경우 울며 겨자 먹기 식으로 유가증권을 취득하는 경우가 있습니다. 마지막으로 지분증권에 국한되는 얘기인데요, 타 기업을 지배할 목적으로 지분증권을 취득하는 경우가 있습니다. 이렇게 취득한 지분증권을 **지분법적용투자주식**이라고 부릅니다.

자, 이제 유가증권을 회계에서는 어떻게 분류하는지 알아볼까요? 유가증권의 분류방법은 김춘수 시인의 명시「꽃」의 시구와 비슷합니다. 뭔 소리냐구요? '내가 그의 이름을 불러 주었을 때 그는 나에게로 와서 꽃이 되었다.' 유가증권도 경영자가 유가증권의 이름을 불러 주어야 비로소 이름을 가질 수 있기 때문이죠. 좀 딱딱하게 설명하면 **경영자의 유가증권 취득 목적에 따라 유가증권의 분류가 달라진다는 얘기입니다.** 먼저 **단기매매증권**이라는 것이 있는데요, 주로 단기간 내의 매매차익을 목적으로 취득한 유가증권으로서 매수와 매도가 적극적으로 빈번하게 이루어지는 지분증권과 채무증권을 말합니다.

여기서 단기간 내의 매매차익 목적이라 함은 대개 영업적으로 유가증권을 매매하는 경우를 말하기 때문에 주로 금융업 외의 일반 기업은 단기매매증권으로 분류하는 경우는 드뭅니다. 또 매수와 매도가 적극적으로 빈번하게 이루어지기 위해서는 시장성을 전제로 하기 때문에 유가증권시장 또는 코스닥시장처럼 유가증권이 거래되는 시장이 있어야 합니다. 단기매매증권은 당연히 유동자산 중 당좌자산에 속하겠죠. 두 번째로 채무증권은 보통 만기, 원금, 이자가 확정되어 있는데요, 이러한 채무증권을 만기까지 보유할 의도와 능력이 있는 경우에 **만기보유증권**으로 분류합니다. 당연히 지분증권은 만기가 없으므로 해당사항이 없겠죠. 그리고 위에서 언급한 지분법적용투자주식이라는 것이 있습니다. 마지막으로 단기매매증권, 만기보유증권, 지분법적용투자주식도 아닌 유가증권을 무엇으로 분류하느냐만 남았는데요, 이를 **매도가능증권**이라고 부릅니다. 만기보유증권과 매도가능증권은 투자자산으로 분류합니다. 다만 결산시점으로부터 1년 이내에 만기가 도래하거나 처분할 것이 확실한 매도가능증권과 만기보유증권은 유동자산으로 분류하여야 합니다. 분류방법이 좀 복잡하게 느껴지시나요? 경영자의 유가증권 취득 목적이 무엇이냐를 잘 새기면 그리 어렵지만은 않습니다.

    기왕 복잡해진 김에 한 걸음 더 나아가볼까요? 만약 경영자의 유가증권 보유 목적이 바뀌었다면 유가증권을 재분류할 수 있을까요? 다음 장에 설명하겠지만 유가증권에 이렇게 복잡하게 이름을 붙여주는 이유는 이름에 따라 회계처리가 다르기 때문인데요, 경영자의 보유 목적 변경을 무조건 인정해준다면 이를 악용해 손익을 조작할 수도 있습니다. 그래서 매도가능증권을 만기보유증권으로 재분류하는 것 이외는 재분류를 하지 못하는 것이 원칙입니다. 또 이런 경우는 어떨까요? 만기보유증권으로 분류한 채무증권을 만기 전에 처분하였다면? 처분하는 것이야 경영자 마음이니 회계처리 때문에 처분을 안 할 수는 없겠죠. 회계가 그리 냉정하지는 않습니다. 그러나 당해 연도와 직전 2개 연도 중에 만기보유증권을 처분한 사실이 있다면, 물론 예외 규정이 있긴 하지만, 보유 중이거나 신규로 취득하는 채무증권은 만기보유증권으로 분류할 수 없습니다. 잘못을 했으니 이 정도의 페널티는 받아야겠죠.

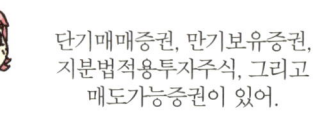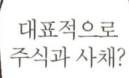

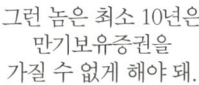

22 알쏭달쏭한 유가증권의 평가

이제 진짜 복잡한 유가증권의 평가입니다. 보통 **유가증권 평가**라 함은 기말 시점에 유가증권을 얼마로 측정할 것이냐를 말합니다. 유가증권 평가에 대해 설명하기에 앞서 유가증권의 취득원가를 잠시 설명하면, **유가증권의 취득원가**는 유가증권을 취득하기 위해 제공한 대가의 시장가격에 거래세 등 취득부대비용을 포함한 가격으로 합니다. 여기서 '유가증권을 취득하기 위해 제공한 대가의 시장가격'이라는 것이 언뜻 이해가 되지 않을 수도 있는데요, 쉽게 말해 현금으로 얼마를 줬느냐입니다. 그러면 '유가증권을 취득하기 위해 준 현금'으로 표현하면 쉬울 텐데 왜 이리 어렵게 표현하는 걸까요? 좀 있어 보이려고? 절대 그런 건 아니구요, 유가증권을 현금 이외에 다른 것을 주고 취득할 수도 있기 때문에 그러한 경우를 포함하여 정의하다 보니 말이 좀 어려워진 것뿐입니다.

먼저 모든 자산의 평가는 취득원가 또는 공정가액 중 하나로 평가하는 게 일반적인데요, 취득원가는 말 그대로 취득한 가격으로 평가하는 것을 말하고 **공정가액**은 시장에서 거래되는 가격 또는 공신력 있고 독립된 평가기관에서 평가한 가액으로 평가하는 것을 의미합니다. 둘 중 어떤 방법을 적용할 것인가는 대개 계정과목에 따라 어떤 방법이 더 신뢰성 있고 의사결정자들의 의사결정에 적합하느냐에 달려 있습니다.

그럼 본격적으로 유가증권의 평가에 대해 알아볼까요? 유가증권의 평가는 붙여준 이름에 따라 다르게 평가됩니다. **만기보유증권은 취득원가로 평가합니다.** 만기보유증권은 만기까지 보유하기로 예정되어 있는 채무증권이므로 보유기간 중의 공정가액 변동이 의사결정에 크게 의미가 없죠. 따라서 공정가액이 아닌 취득원가로 평가하는 것이 의사결정에 더 유용하기 때문에 취득원가로 평가하는 것입니다. 다만 만기보유증권의 취득원가와 만기액면가액(원금)은 차이가 나기 마련인데요, 이 차이를 상환기간에 걸쳐 앞서 장기성수취채권에서 설명한 유효이자율법에 의하여 상각하여 취득원가와 이자수익에 가감합니다. 이렇게 유효이자율법에 따라 상각하여 만기에 만기보유증권의 장부가액과 만기액면가액을 일치시키는 것을 **상각후원가로 평가**한다고 합니다.

단기매매증권과 매도가능증권은 원칙적으로 공정가액으로 평가합니다. 여기서 지분증권이 아닌 채무증권은 한 가지 절차가 더 있어 일단 상각후원가를 적용하여 이자수익을 인식한 후 공정가액으로 평가합니다. 이렇게 공정가액으로 평가하는 이유는 만기보유증권을 상각후원가로 평가하는 이유를 거꾸로 생각하면 되는데요, 지분증권은 말할 것도 없고 채무증권도 만기 이전에 처분이 예정되어 있으므로 평가시점의 공정가액이 더 유용하기 때문이죠. 따라서 단기매매증권과 매도가능증권 모두 자산은 공정가액으로 표시됩니다.

그럼 대차를 맞추기 위한 상대계정은 무엇일까요? 결론부터 말씀드리면 여기서 양 집안이 좀 갈립니다. 실제로 평가차액은 아직 유가증권을 처분하지 않았으므로 현금화되지 않았죠. 좀 더 회계적인 표현을 빌리면 이 때의 평가차액을 **미실현손익**이라고 합니다. 근데 똑같은 미실현손익이라도 매도가능증권보다는 단기매매증권이 좀 더 신뢰가 갑니다. 왜냐구요? 단기매매증권은 매도가능증권보다 처분이 쉽고 가능성도 높은 자산이기 때문입니다. 그래서 단기매매증권의 평가차액은 손익계산서로 직행하고 매도가능증권의 평가차액은 재무상태표(기타포괄손익누계액)에 잠시 들렀다가 처분시에 손익계산서에 반영됩니다. 결국 처분 시에는 결국 서울로 가겠지만 바로 가는 직행버스와 여기저기 들르는 시외버스 정도로 구별하여 생각하시면 될 것 같네요. 따라서 **처분 시에 단기매매증권은 직전 평가가액과 처분 시의 공정가액이 처분손익이 되지만 매도가능증권은 재무상태표에 있는 평가차액이 일시에 손익으로 인식되기 때문에 최초 취득원가와 처분 시의 공정가액이 처분손익이 됩니다.**

23 남이 아닌 지분법적용투자주식

이제 유가증권 중에 가장 어렵다는 **지분법적용투자주식**에 대해 알아볼까요? 지분법적용투자주식은 깊게 들어가면 회계처리도 워낙 복잡하고 실무진에서 질의도 가장 많은 계정과목 중 하나입니다. 여기서는 지분법적용투자주식이 뭐고 어떤 의미를 갖는지만 설명하겠습니다. 기업(투자회사)은 다양한 이유로 인해 어느 기업(피투자회사)의 재무 및 영업정책에 관한 의사결정에 실질적인 영향(회계적 표현은 유의적인 영향력)을 미치기 위해 피투자회사의 주식을 취득하는 경우가 있습니다. 이런 경우 일정 요건을 갖추면 지분법적용투자주식으로 분류해야 하는데요, 투자회사가 피투자회사의 의결권 있는 주식의 20% 이상을 취득하거나, 설령 20% 미만이라고 하더라도 의사결정 과정에 상당한 영향력을 행사할 수 있다면 지분법적용투자주식으로 분류합니다. 그럼 피투자회사의 주식을 지분법적용투자주식으로 분류했다는 것은 무슨 의미일까요? "우리가 남이가!"라는 말이 여기서 필요하겠네요. 기업 이름은 다르지만 사실은 하나라는 거죠. 회계는 형식보다 실질을 더 중요하게 생각한다고 말씀 드렸죠? 지분법회계처리가 그 좋은 예라고 할 수 있습니다.

그럼 우리이기도 하지만 남이기도 한 것을 어떻게 회계처리로 구현할까요? 먼저 **지분법적용투자주식은 취득 시 취득원가로 평가하고 취득시점 이후 발생한 피투자회사의 순자산(자산 - 부채) 변동액 중 투자회사의 지분율에 해당하는 금액을 투자회사는 우리 것으로 인식하죠.** 예를 들어볼까요? 놀부기업이 흥부기업의 주식 20%(1억원)를 취득하고 지분법적용투자주식으로 기록하였습니다. 그 이후 흥부기업의 당기순이익 5천만원이 발생하였다면 놀부기업은 지분법이익(영업외수익)으로 1천만원(5천만원 × 20%)을 인식하게 됩니다. 아쉽게도 지분율만큼만 우리고 나머지는 남인거죠.

24 기간 손익을 인식하자
_미수수익 & 선급비용

지금까지 크게 당좌자산으로 분류되는 현금 및 현금성자산, 매출채권, 미수금, 선급금, 단기대여금, 단기매매증권, 단기매도가능증권에 대해 알아보았는데요, 이것들 이외에 비록 재무상태표에서 차지하는 비중이 크진 않지만 미수수익과 선급비용이 대표적으로 당좌자산에 속하죠. 먼저 **미수수익**은 결산시점에서 기간이 경과함에 따라 수익으로 인식해야 하는 금액을 처리하는 계정과목입니다. 좀 아리송하죠? 예를 들면 좀 쉬워집니다. 20X1년 11월 1일에 임대기업이 임차기업에게 건물을 임대하고 3개월마다 1,200,000원을 후수취하기로 했습니다. 임대기업의 결산일인 12월 31일에 임대기업은 어떤 회계처리가 필요할까요? 임대료를 20X2년 1월 31일에 받기로 했으니 아무 회계처리도 필요 없을까요? 만약 현금주의 회계로 처리한다면 아무 짓 안하고 가만있는 게 맞겠죠. 그러나 발생주의 회계라면 얘기가 달라집니다. 이미 수익인식을 위한 조건이 완성되었기 때문인데요, 2개월(20X1년 11월 1일 ~ 20X1년 12월 31일)의 기간 경과가 아직 채권을 회수할 시기(20X2년 1월 31일)가 도래하지는 않았지만 수익인식 조건을 만족시키는 거죠. 이런 경우 사용되는 계정과목이 미수수익입니다. 그래서 20X1년 12월 31일에 다음과 같이 회계처리하죠.

차변		대변	
미수수익	800,000	임대료수익	800,000

한편 **선급비용**은 어떤 용역을 제공 받기로 하고 선지급한 금액 중 아직 기간이 미경과 됨에 따라 차기 이후에 비용으로 인식하기 위해 결산시점에 자산으로 처리하는 계정과목입니다. 이것도 좀 아리송하죠? 이런 선급비용에는 선급이자, 선급보험료, 선급임차료 등이 있는데요, 선급임차료를 예로 들어 설명하겠습니다. 20X1년 11월 1일에 임차기업이 임대기업에게 건물을 임차하고 3개월마다 1,200,000원을 선지급하기로 하였습니다. 임차기업은 20X1년 11월 1일과 결산일인 12월 31일에 어떤 회계처리가 필요할까요? 만약 현금주의로 회계처리한다면 임차기업은 이미 11월 1일에 1,200,000원을 모두 임차료로 인식하고 "끝!"하겠죠. 그러나 발생주의는 관점이 좀 다르죠. 임차라는 용역을 실제로 제공받은 기간에 대해서만 비용으로 인식해야 하기 때문에 아직 용역을 제공받지 못한 1개월(20X2년 1월 1일 ~ 20X2년 1월 31일)에 대해서는 비용을 인식하지 않고 자산으로 처리해야 합니다. 구체적인 회계처리는 다음과 같습니다.

20X1년 11월 1일

차변		대변	
임차료	1,200,000	현금 및 현금성자산	1,2000,000

20X1년 12월 31일

차변		대변	
선급비용	400,000	임차료	400,000

이 두 분개를 통해 임차료는 2개월분 800,000원만 인식하였으며 결산일에 선급비용이 400,000원 계상되었습니다.

이렇게 미수수익과 선급비용은 회계가 발생주의를 따르기 때문에 생긴 계정들입니다. 이런 종류의 계정들은 부채에도 있는데요, 선수수익과 미지급비용이라는 계정이죠.

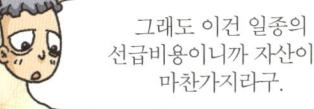

25 재고자산! 그게 뭔데?

재고자산은 기업이 판매를 위해 보유하고 있는 자산을 말합니다. 여기서 판매란 계속적으로 또는 영업적으로 판다라는 의미를 내포하고 있습니다. 일시적으로 또는 어쩌다 한 번 파는 자산은 재고자산이 아닙니다. 따라서 동일한 자산을 보유하고 있더라도 기업의 영업활동이 무엇인지에 따라 그 구분이 달라집니다. 제조업을 하는 기업이 보유하고 있는 토지는 유형자산으로, 부동산매매업을 하는 기업이 보유하고 있는 토지는 재고자산으로 분류되죠.

회계는 이런 재고자산을 소매업이냐 제조업이냐에 따라 조금 더 자세히 구분하고 있는데요, 소매업의 경우 재판매를 위해 외부로부터 재고자산을 매입하게 되는데 이를 **상품**이라고 합니다. 반면, 제조업은 생산이라는 과정을 거치므로 재고자산이 어느 공정에 있느냐에 따라 원재료, 재공품, 반제품, 제품으로 더 구체적으로 구분합니다. **원재료**는 제품 생산과정에 투입하기 위해 구입한 모든 소비적 재화를, **재공품**은 제품 또는 반제품의 제조를 위해 제조과정에 있는 재고자산을, **반제품**은 제품이 둘 이상의 공정을 거쳐 완성될 때 하나의 공정을 마치고 다음 공정을 넘어가기 전의 재고자산을, **제품**은 이러한 공정을 거쳐 최종 완성된 재고자산을 말합니다.

> **재고자산의 주요 회계 이슈**
> - 최초 취득 시 재고자산을 얼마로 장부에 기록하느냐를 결정하는 취득원가 결정
> - 결산 시 판매가능재고액을 매출원가와 기말재고액으로 나누는 원가 배분 과정
> - 결산 시 기말재고액에 대한 시가 평가 문제

26. 기초재고액 + 당기매입액 = 당기매출원가 + 기말재고액

재고자산 회계를 이해하기 위해서는 먼저 다음의 항등식에 대한 이해가 필요합니다. 재고자산의 회계 이슈를 큰 그림에서 이해하는 데 도움이 되니 조금만 주의 깊게 읽어보세요.

> 기초 재고액 + 당기 매입액 = 당기 매출원가 + 기말 재고액

위 항등식은 비단 재고자산에만 성립되는 것은 아니며 용어만 달라질 뿐 모든 재무상태표의 계정과목에 적용됩니다. 단지 재고자산의 경우 타 계정과목에 비해 일정한 가정들이 필요해서 중요한 의미를 갖죠. 재고자산의 주요 회계 이슈는 위 항등식의 금액을 결정하는 문제로 요약할 수 있습니다.

그럼 위 항등식이 재고자산의 주요 회계 이슈와 어떤 관계를 갖는지 한번 설명해볼까요? 먼저 위 항등식의 왼쪽은 판매 가능한 재고액을 의미하는데요, 기초 재고액은 이미 전기의 기말재고액이 이월된 금액이므로 전기 기말재고액이 적정하게 결정되었다면 크게 문제될 것이 없겠죠. 반면, 당기 매입액은 당기에 매입한 재고액을 의미하는데요, 재고자산 매입액의 범위를 결정하는 문제를 **재고자산의 취득원가 결정**이라고 합니다.

다음은 항등식의 오른쪽인데요, 이는 판매 가능한 재고액(왼쪽)을 매출원가(이미 판매된 재고액)와 기말재고액(아직 판매되지 않은 재고액)으로 나누는 과정을 의미합니다. 이런 과정을 회계적으로 표현하면 **재고자산의 원가배분**이라고 하죠. 추가로 기말재고액은 만약 그 결산시점에서 판매한다고 가정할 경우 얼마에 판매할 수 있을지 평가를 받아야 하는데 이것을 **재고자산의 평가**라고 합니다.

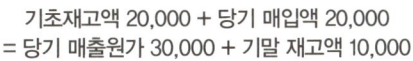

27. 재고자산! 얼마에 사 온 거야?

그럼 먼저 재고자산의 취득원가 결정부터 보겠습니다. 재고자산의 정가를 **매입가액**이라고 합니다. 여러분이 물건을 살 때 붙여 있는 라벨의 가격이라고 생각하면 이해가 쉬울 것 같네요. 정가를 다 주고 사면 왠지 억울한 생각이 드니 이제 매입가액을 깎아볼까요? 먼저 **매입할인**이란 것이 있습니다. 매입대금을 약정기일보다 빨리 지급하면 일정 금액을 할인받을 수 있는데요, 이런 할인액을 매입할인이라고 합니다. 그 기간의 이자만큼 할인받는 거죠. 할인받은 금액이 만족스러운가요? 조금 더 깎아보도록 하겠습니다. 일정기간의 거래수량 또는 거래금액이 크면 추가로 할인을 받을 수 있는데요, 이때의 할인액은 **매입에누리와 환출**이라고 합니다. 추가로 상품에 대한 하자로 인해 할인 받는 금액과 반품으로 인한 매입 취소액도 매입에누리와 환출에 포함됩니다. 한편, 재고자산의 취득원가는 매입가액에 매입에 따라 부차적으로 발생하는 지출을 더해 구하는데요, **매입부대비용**은 재고자산을 판매 가능한 상태로 판매 가능한 장소에 옮기면서 정상적으로 발생한 지출액으로 정의할 수 있습니다. 이러한 지출에는 매입운임, 하역료, 보험료, 수입과 관련된 수입관세 및 제세금 등이 있습니다. 이렇게 재고자산의 취득원가는 매입가액에서 매입할인과 매입에누리와 환출을 빼고 매입부대비용을 더한 금액으로 재고자산을 매입하기 위해 현금으로 지불할 순금액이라고 할 수 있습니다.

지금까지 설명한 재고자산의 취득원가 결정은 주로 소매업의 재고자산인 상품을 위주로 설명한 것이며 제조업의 재고자산의 취득원가 결정은 조금 더 복잡한데요, 일단 **제조원가**라고 한다는 사실만 기억해두시죠.

28. 판매가능재고액을 매출원가와 기말재고로 나누다 (1)

이번엔 판매가능재고액을 당기 매출원가와 기말재고액로 나누는 과정, 즉 재고자산의 원가배분 과정에 대해 알아보겠습니다. 이 과정은 당기에 판매된 재고액을 계산하는 과정이라고 할 수 있으며 판매되지 않고 남아 있는 기말 재고액을 계산하는 과정이라고 볼 수도 있습니다. 이 얘기는 하나가 결정되면 또 다른 하나는 자동으로 결정된다는 것을 의미합니다. 먼저 재고액은 (수량×단가)로 결정된다는 계산식이 필요합니다. 재고자산의 원가배분 과정은 당기 매출원가의 수량과 단가 또는 기말 재고자산의 수량과 단가의 결정 과정이라고 표현할 수도 있습니다.

재고자산의 수량을 결정하는 방식은 두 가지가 있습니다. 하나는 재고자산을 판매할 때마다 판매수량을 계속적으로 기록하는 계속기록법입니다. 회계기간 내내 열심히 기록을 해야 하니 이솝우화 「개미와 베짱이」에 나오는 개미의 방식입니다. 또 다른 하나는 판매 시에는 판매수량을 기록하지 않다가 결산시점에 가서 판매되지 않고 남아 있는 재고수량을 실사counting 하는 방법으로 실지재고조사법이라고 합니다. 딱 한 번 조사를 하는 베짱이 방식이죠.

그럼 개미 방식이 베짱이 방식보다 더 나은 걸까요? 꼭 그렇지만은 않은 것 같네요. 계속기록법은 언제라도 재고량을 알 수 있는 장점이 있지만 분실 등으로 인한 감손수량이 기말 재고량에 포함되어 기말 재고액이 과대 계상될 소지가 있습니다. 반면, 실지재고조사법은 기말재고량이 먼저 결정되는 방식으로 매번 판매량을 기록하는 수고는 덜 수 있지만 회기중에는 재고수량을 파악할 수 없는 단점이 있습니다. 따라서 계속기록법과 실지재고조사법을 병행하는 것이 바람직하며 실제로도 많은 기업들이 두 방법을 병행하고 있습니다.

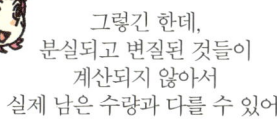

29 **판매가능재고액**을 매출원가와 기말재고로 나누다(2)

다음은 재고자산 원가배분 과정의 가장 핵심인 **단가 결정방법**입니다. 재고자산의 단가 결정방법을 재고자산의 원가흐름에 대한 가정이라고도 하는데요. 쉽게 얘기하면 여러 번에 걸쳐 매입한 재고자산의 판매 순서에 대한 가정입니다. **이러한 가정이 필요한 이유는 매입시마다 매입단가가 다르기 때문**인데요, 만약 매입단가가 모두 똑같다면 이러한 가정은 필요가 없겠죠. 그럼 구체적으로 재고자산의 원가흐름에 대한 가정에는 어떤 것이 있을까요?

재고자산이 판매되는 시점마다 매출원가를 그 재고자산의 실제 매입단가로 기록하는 **개별법**이 있습니다. 개별법은 실제 재고자산 흐름과 정확히 일치하는 장점은 있지만 대량의 동질적인 재고자산에 대해 적용하는 경우 아마 재고자산 담당자는 돌아버리겠죠? 좀 과장된 표현이긴 하지만 나사를 판매하는 기업에서 나사 백 개를 팔고 각각의 매입단가를 찾고 있다고 상상을 해보면 될 것 같네요. 그래서 개별법은 수량이 적고 고가인 재고자산 등에만 가능한 방법으로 이해하면 됩니다.

다음으로 먼저 매입한 재고자산이 먼저 판매된 것으로 가정하는 **선입선출법** First-In Fisrt-Out, FIFO이 있습니다. 선입선출법은 재고자산의 실제 판매 순서와 일반적으로 일치하는 방법이며 기말재고액이 나중에 매입한 재고자산으로 구성되므로 비교적 기말재고액이 현행가치를 반영하는 장점이 있죠. 반면, 매출원가 측면에서 보면 매출보다는 매출원가가 과거의 금액으로 기록되므로 재고자산의 회전이 빠르지 않다면 매출과 매출원가가 서로 대응되지 못하는 단점이 있습니다.

선입선출법이 있으면 나중에 매입한 재고자산이 먼저 판매된다고 가정하는 **후입선출법**Last-In First-Out, LIFO도 있겠죠. 후입선출법의 장·단점은 선입선출법의 반대로 생각하면 됩니다. 후입선출법은 실제 판매흐름과도 일치하지 않으며 이익 조작의 수단으로 악용될 소지가 있어 실제로 기업에서도 잘 쓰이는 방법은 아니죠.

마지막으로 선입선출법과 후입선출법의 중간인 매입한 재고자산이 평균적으로 판매된다고 가정하는 **평균법**이 있습니다.

원가흐름에 대한 가정이 실제 재고자산의 흐름과 일치를 해야 하는 걸까요? 이상하게 들릴 수도 있겠지만 그렇지 않습니다. 우유를 판매하는 기업의 예를 들어볼까요? 먼저 입고된 것이 먼저 팔리는 것이 기업의 입장에서 가장 이상적이겠지만 현실이 어디 그렇습니까? 유통기한을 따지는 소비자가 있기 때문에 우유의 실제 흐름은 선입선출이 아닙니다. 그럼 이 기업은 선입선출법을 쓸 수 없는 걸까요? 원가흐름에 대한 가정은 그야말로 가정이기 때문에 재고자산의 원가배분을 중요하게 왜곡시키지 않는 한 사용할 수 있습니다.

30. 판매가능재고액을 매출원가와 기말재고로 나누다(3)

이제 재고자산의 수량결정방법과 단가결정방법을 서로 연결해 볼까요? 여기서 주의해야 할 점은 **선입선출법은 재고자산의 원가배분이 달라지지 않지만 후입선출법과 평균법은 달라진다는 점입니다.** 차분히 생각해보면 당연한 결과입니다. 계속기록법과 실지재고조사법의 차이는 한마디로 재고자산의 원가배분을 재고자산을 판매할 때마다 할 것이냐 아니면 결산시점에 한 번만 할 것이냐로 정리할 수 있습니다. 선입선출법은 매입된 순서대로 판매한다고 가정하므로 원가배분을 판매할 때마다 하든 결산시점에 한 번하든 먼저 매입된 재고자산이 매출원가로 기록되고 나중에 매입된 재고자산이 기말재고로 남아 두 방법이 동일한 결과를 가져오죠. 한편, **후입선출법과 평균법하의 계속기록법은 판매 시마다 그 직전까지 매입한 재고자산을 기준으로 재고자산의 원가배분을 하지만 실지재고조사법은 결산시점까지 매입한 전체 재고자산을 기준으로 하기 때문에 다른 결과가 발생합니다.** 참고로 평균법하의 실지재고조사법은 **총평균법**, 계속기록법은 **이동평균법**이라고 합니다. 예를 통해 알아보겠습니다.

〈상품 매입 및 판매 현황〉

일자	적요	수량	단가	취득원가
1월 1일	기초	50개	100원	5,000원
4월 16일	매입	10개	150원	1,500원
6월 26일	매출	25개		
8월 19일	매입	15개	200원	3,000원
12월 24일	매출	25개		

- **선입선출법**: 먼저 입고된 것이 먼저 판매되는 것으로 가정하므로 6월 26일과 12월 24일에 각각 25개씩 판매된 재고는 기초재고 50개가 판매된 것으로 가정합니다. 따라서 매출원가는 5,000원(=25개×100원+25개×100원), 재고자산은 4,500원(=10개×150원+15개×200원)이 됩니다.

- **후입선출법**: 여기서는 실지재고조사법을 가정하겠습니다. 나중에 입고된 것이 먼저 판매된다고 했죠. 6월 26일에 판매된 재고 25개는 가장 나중에 입고된 8월 19일의 15개와 4월 16일의 10개가 먼저 판매된 것으로 가정하고 12월 24일에 판매된 25개는 기초재고가 25개 판매된 것으로 가정합니다. 결국 매출원가는 7,000원(=15개×200원+10개×150원+25개×100원), 재고자산은 2,500원(=25개×100원)이 되죠.

- **총평균법**: 결산시점에 한 번 재고를 조사하므로 전체 기간의 매입액에 대한 평균단가를 먼저 구해야겠죠. 기초재고액과 당기매입액의 합 9,500원을 기초재고량과 매입량의 합 75개로 나누니 평균 재고단가는 126.7원이네요. 따라서 매출원가는 6,333원(=50개×126.7원), 재고자산은 3,167원(=25개×126.7원)이 됩니다.

- **이동평균법**: 이동평균법은 부지런하게 매입 시마다 재고액의 평균단가를 구해야 합니다. 기초재고액과 4월 16일의 매입액의 합 6,500원을 기초재고량과 4월 16일 매입량의 합 60개로 나누니 108.3원이네요. 따라서 6월 26일에 판매된 25개의 매출원가는 2,708원(=25개×108.3원), 재고자산은 3,792원(=35개×108.3원)이 되겠죠. 그럼, 12월 24일에 판매된 10개의 매출원가는 어떻게 구할까요? 6월 26일에 남아 있는 재고액과 8월 19일에 매입액의 합 6,792원(=3,792원+15개×200원)을 6월 26일에 남아 있는 재고량과 8월 19일 매입량의 합 50개로 나눠야겠죠? 135.8원이 되네요. 따라서 12월 24일의 매출원가는 3,396원(=25개×135.8원), 재고자산은 3,396원(=25개×135.8원)이 되죠. 종합하면 매출원가는 6,104원(=2,708+3,396원), 재고자산은 3,396원이 됩니다.

위 예에서 보듯이 재고자산의 단가가 상승하는 경우에 매출원가는 후입선출법, 총평균법, 이동평균법, 선입선출법 순으로 크게 인식되고, 재고자산은 그 역순이 됩니다.

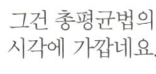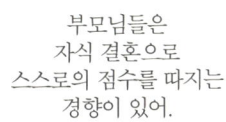

31 재고자산! 제 가격에 팔 수 있는 게 맞아?

회계는 거짓말하는 것을 무지 싫어합니다. 거짓말 중에서도 특히 부풀려 얘기하는 뻥을 완전 싫어하죠. 그래서 재고자산에게 가끔 이렇게 묻습니다. "너는 네가 100원이라고 주장하는데 혹시 90원이나 80원짜리는 아니니?" 결산시점에 이렇게 재고자산에게 최초 취득원가보다 시가가 하락했는지 묻는 과정을 **재고자산의 평가** 또는 **저가법 평가**라고 합니다. 재고자산의 시가 하락은 물리적 손상, 장기체화, 진부화 등으로 인해 발생합니다.

그럼 저가법 평가를 위해서는 **시가**를 결정해야겠죠? 근데 재고자산별로 묻는 질문이 조금 다릅니다. 상품, 제품, 재공품에게는 "너를 팔고 나면 결국 얼마가 남는 거야?"라고 질문합니다. 이 경우의 시가를 **순실현가능가치**^{Net Realizable Value, NRV}라고 하는데요, 추정판매가액에서 제품을 완성하는 데 소요되는 추가원가와 판매비용을 차감하여 산출합니다. 한편, 원재료에게는 이렇게 묻습니다. "지금 당장 너와 똑같은 애를 얼마에 사올 수 있니?" 이 경우는 **현행대체원가**라고 합니다.

이렇게 저가법을 적용한 결과 취득원가가 시가보다 하락한 경우 그 차이가 재고자산평가손실이며 매출원가에 가산합니다. 시가는 매 결산시점에 추정하는데 평가손실을 초래했던 상황이 해소되어 시가가 상승한 경우에 최초 취득원가를 초과하지 않는 범위 안에서 평가손실을 환입하여 매출원가에서 차감합니다. 한편, 조금 부풀려 뻥을 친 것도 싫어하는데 아예 없는 것을 있다고 거짓말을 하면 완전히 돌아버립니다. 그래서 실지재고조사 결과 장부상 재고 수량이 실지 재고 수량보다 적을 경우 가차 없이 손실을 잡는데요, 이것을 **재고자산감모손실**이라 하고 그 차이가 영업상 정상적인 경우에 의한 것이라면 매출원가에 가산하고 비정상적인 경우에 의한 것이라면 영업외비용으로 처리합니다.

32 기업활동의 본류가 아닌 투자자산

투자자산은 기업 본연의 영업활동이 아닌 부수적인 기업활동으로 주로 기업의 여유자금을 투입한 자산을 말합니다. 이런 자산에는 장기금융상품, 투자부동산, 장기대여금, 매도가능증권, 만기보유증권, 지분법적용투자주식 등이 있습니다. 가끔 신문에 '기업들이 설비나 기술 투자는 안 하고 부동산 투자에만 열을 올리고 있다'라는 취지의 기사들을 볼 수 있는데요, 이는 기업 본연의 영업활동을 위한 유형자산 및 무형자산 투자는 등한시한 채 기업의 부수적인 활동 결과인 투자자산의 과다 투자를 비판하는 기사들이죠. 다만, 지분법적용투자주식은 주의깊게 봐야 합니다. 예를 들어 의류 제조판매를 주로 하는 기업이 해외에 의류를 생산하는 자회사를 설립하였다면 이 해외 자회사에 대한 투자금액은 지분법적용투자주식으로 분류됩니다. 이런 경우 이 지분법적용투자주식은 비록 투자자산으로 분류되지만 실상은 그 기업의 주 영업활동 연장선상에 있다고 보아야 하겠죠. 경영자마다 가치관의 차이가 있으니 옳고 그름에 대한 평가는 논외로 하고요. 이렇게 회계를 알면 신문의 기사들을 좀 더 피부에 와닿게 읽을 수 있답니다.

매도가능증권, 만기보유증권과 지분법적용투자주식은 이미 설명을 드렸고, **장기금융상품**은 기업이 여유자금을 정기예금 등에 투자한 금액으로 만기가 1년을 초과하는 것을 의미합니다. 만약 만기가 1년 이내에 도래한다면 당연히 당좌자산 중 단기금융상품으로 분류하여야 합니다. **투자부동산**은 나중에 설명할 유형자산과 실체는 똑같으나 기업 본연의 영업활동에 사용할 의도라면 유형자산으로 분류하고 단지 투자를 위해 보유하고 있다면 투자부동산으로 분류합니다.

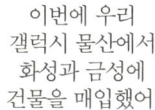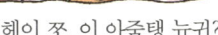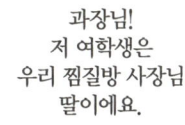

33. 자산 중 가장 비중이 큰 유형자산

유형자산은 재화의 생산, 용역의 제공, 타인에 대한 임대 또는 자체적으로 사용할 목적으로 보유하는 물리적 형체가 있는 자산으로 1년을 초과하여 사용할 것으로 예상되는 자산입니다. 예를 들어 집에서 라면을 하나 끓여 먹으려고 해도 냄비부터 젓가락, 가스레인지 등이 필요하잖아요? 기업도 재고자산을 생산하기 위해 다양한 도구들이 필요한데요, 이것들을 통칭해 유형자산이라고 합니다. 그럼 라면과 물, 달걀, 파 등은 무엇일까요? 당연히 **재고자산**에 해당되겠죠. 굳이 좀 더 구분을 하자면 원재료에 해당할 것입니다. 유형자산은 판매를 목적으로 하지 않고 영업활동에 사용하는 것을 목적으로 한다는 점에서 재고자산과 구별되고, 물리적 실체가 있다는 점에서 무형자산과 다릅니다.

유형자산은 장기간 사용되고 일반적으로 기업에서 보유하는 자산 중 비중도 가장 커서 그 회계처리가 기업에 미치는 영향도 매우 중요하죠. 따라서 특히 체계적이고 일관성 있는 회계처리가 요구된다고 할 수 있습니다.

이러한 유형자산에는 토지, 건물, 구축물, 기계장치, 비품, 공기구, 차량운반구, 건설중인자산 등이 있습니다. 여기서 건설중인자산이 잘 이해가 되지 않을 수도 있는데요, 기업이 유형자산을 직접 건설 또는 제작하는 경우 건설 또는 제작 중에 임시로 사용하는 계정과목이 건설중인자산입니다. 예를 들어, 기업이 직접 사용하기 위해 건물을 건설할 경우 건설하는 동안은 건설중인자산, 완성되면 건물이라는 계정과목으로 대체되죠.

이렇게 중요한 유형자산은 몇 가지 중요한 회계적 이슈가 있는데요, 하나씩 설명하도록 하겠습니다.

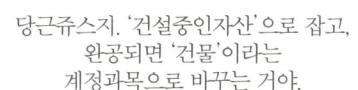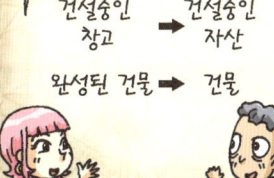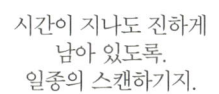

34 유형자산! 얼마로 기록하지?

유형자산의 최초 **취득원가**는 구입원가(또는 제작원가)와 사용할 수 있도록 준비하는 데 직접 관련된 지출로 구성됩니다. 여기서 직접 관련된 지출의 예로는 설치장소 준비를 위한 지출, 운송비, 설치비, 설계비, 취·등록세 등이 있습니다.

유형자산은 구입원가가 다른 자산에 비해 워낙 크기 때문에 여러 가지 경우의 수가 생기고 그 회계처리 방식에 따라 기업에 미치는 영향도 매우 크죠. 그래서 경우에 따라 구체적인 회계처리 방식을 정하고 있습니다.

먼저 토지와 건물은 일반적으로 일괄하여 구입하게 되는데 이 때 총취득원가를 토지와 건물의 취득원가로 나누는 문제가 발생합니다. 이 경우도 둘로 나눠지는데요, 만약 건물을 사용할 목적으로 토지를 취득하였다면 총취득원가를 토지와 건물의 공정가액 비율로 안분按分하여 각각의 취득원가를 결정합니다. 회계는 정확한 방법을 적용하기 어려울 경우 가장 합리적인 방법을 찾는데요, 이 경우는 공정가액 비율이 가장 합리적인 방법이라고 생각하는 거죠. 여기서 공정가액이란 시장가격을 의미하는데요, 만약 시장가격이 없으면 동종 거래의 가격이나 감정가액을 사용할 수 있도록 하고 있습니다. 그리고 만약 건물을 신축할 목적으로 기존 건물이 있는 토지를 취득하였다면 기존 건물은 결국 건물 신축에 사용되는 토지 구입을 위한 것이므로 총취득원가를 토지의 취득원가로 기록하고 기존 건물의 철거 관련 비용에서 철거된 건물의 부산물을 판매하여 수취한 금액을 차감한 잔액도 토지의 취득원가에 포함시킵니다. 여기서 철거를 위한 비용을 토지의 취득원가에 포함시키는 이유는 토지를 사용할 수 있도록 준비하는 데 필요한 직접 지출로 보기 때문입니다.

두 번째로 유형자산을 장기후불조건으로 구입하거나 대금지급기간이 일반적인 신용기간보다 긴 경우인데요, 이때의 취득원가는 취득시점의 현금구입가격으로 합니다. 이 경우는 대금 지급을 멀리 미룬 상황으로 보통 대금 지급을 미루게 되면 이자가 붙게 되지요. 따라서 취득시점의 유형자산 취득원가는 이자가 포함된 총 대금에서 이자를 제외하라는 얘기입니다.

세 번째로 유형자산을 증여 등의 방식에 의해 무상으로 취득하는 경우입니다. 이 경우 지불하는 대금이 0이므로 유형자산을 0으로 기록한다면 자산을 취득하고도 이를 기록하지 않는 결과가 되어 경제적 실질을 왜곡하죠. 그래서 무상으로 취득한 경우 취득한 유형자산의 공정가액을 취득원가로 기록합니다. 공정가액은 위에서 설명한 것과 동일합니다.

네 번째로 교환에 의해 유형자산을 취득하는 경우가 있습니다. 이 경우도 두 가지로 나뉘는데요, 교환하는 자산의 종류가 서로 다른 경우 교환(이종자산의 교환)으로 받은 유형자산의 취득원가는 교환을 위해 제공한 자산의 공정가액으로 합니다. 그러나 제공한 자산의 공정가액이 불확실한 경우는 교환으로 취득한 자산의 공정가액을 취득원가로 할 수 있죠. 한편, 교환하는 자산의 종류가 서로 유사한 경우 교환(동종자산의 교환)으로 받은 유형자산의 취득원가는 교환을 위해 제공한 자산의 장부가액으로 합니다. 따라서 이종자산의 교환은 유형자산 교환으로 인한 손익이 발생하는 반면 동종자산의 교환은 손익이 발생하지 않죠. 이종자산의 교환에 따른 손익을 인식한다는 것은 매매대금을 단지 물건으로 지불할 뿐 현금이 수수되는 유형자산의 매매거래와 실질에서 다른 것이 없기 때문입니다. 반면 동종자산의 교환은 그야말로 서로 바꿔 사용하기 위한 교환으로 보기 때문에 매매 또는 처분에 따른 손익으로 인식하지 않는 것입니다.

35. 취득 후 지출은 유형자산? 아니면 비용?

유형자산을 취득하여 사용하는 중에도 그 자산과 관련하여 추가적으로 여러 가지 지출이 발생합니다. 이러한 지출 중에는 그 지출로 인한 효익이 지출연도에 끝나는 경우가 있고 장기간에 걸쳐 미치는 경우가 있는데요, 전자의 경우를 회계적 용어로 **수익적 지출**, 후자를 **자본적 지출**이라고 합니다.

취득 후 지출에 대한 이러한 구분이 중요한 이유는 양자의 구분에 따라 기간손익에 미치는 영향이 다르기 때문입니다. **수익적 지출은 지출한 당해 연도에 당기 비용으로 처리하지만 자본적 지출은 일단 유형자산으로 처리한 후 매년 감가상각을 통해 비용으로 처리되므로 양자가 기간손익에 미치는 영향이 다릅니다.** 예를 들어, 수익적 지출을 자본적 지출로 잘못 처리한다면 지출한 당해 연도에 유형자산은 과대하게, 비용은 과소하게 계상될 뿐만 아니라 이후 기간의 손익도 왜곡하는 결과를 가져오죠. 그럼 구체적으로 수익적 지출과 자본적 지출을 구분하는 기준은 무엇일까요?

취득 후 지출이 생산능력의 증대, 내용연수의 연장, 상당한 원가 절감 또는 품질 향상 등을 가져온다면 자본적 지출로 처리하는데요, 조금 쉽게 유형자산의 실질적인 가치나 내용연수를 증가시키는 상대적으로 규모가 큰 지출로 표현할 수 있습니다. 반면 유형자산을 수선·유지하기 위한 지출 등은 수익적 지출로 처리합니다. 예를 들어, 기존 건물에 대한 증축이나 개량은 건물의 가치나 내용연수를 증가시키는 자본적 지출에 해당하지만 건물의 벽에 대한 도장공사 등은 건물의 성능을 유지하기 위한 수익적 지출에 해당됩니다.

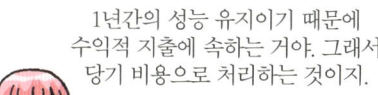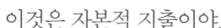

36 유형자산의 원가배분
_감가상각

회계를 잘 모르는 사람이라도 감가상각이라는 표현을 곧잘 쓰곤 하는데요, 가장 친숙한 회계용어 중 하나일 겁니다. 아마도 이렇게 감가상각이 친숙한 이유는 개똥철학이긴 하지만 '세월 앞에 장사가 없다'라는 내용을 담고 있기 때문이 아닐까요? 유형자산도 영원할 수 없으니 그 예상되는 사용기간 동안 소멸시켜주어야 합니다. 이를 회계에서는 **유형자산 취득원가의 배분**이라 하고, 이게 바로 **감가상각**인 거죠. 그리고 감가상각 절차를 통해 비용으로 배분된 금액을 **감가상각비**라고 합니다.

유형자산의 감가상각이 필요한 이유는 시간의 흐름에 따라 자산의 사용, 진부화 등으로 인해 물리적·경제적 가치가 감소할 뿐만 아니라 유형자산의 사용을 통해 창출한 수익과 대응시키기 위함입니다. 따라서 시간의 흐름에 따라 물리적·경제적 가치가 감소하지 않은 유형자산은 감가상각 대상이 아닙니다. 그래서 토지는 감가상각 대상이 아닙니다. 한편, 건설중인자산은 아직 수익 창출에 기여하고 있는 자산이 아니므로 이 역시 감가상각 대상에서 제외되죠. 건설중인자산은 아직 감가상각을 하기에는 어리니 조금 더 커서 다른 유형자산으로 대체된 다음에 오라는 얘기입니다.

감가상각을 하기 위해서는 취득원가, 잔존가치, 내용연수라는 절친들이 꼭 필요한데요, 이를 **감가상각의 3요소**라고 합니다. 이 절친들은 누구 하나라도 없으면 감가상각이 불가능합니다. 먼저 **취득원가**는 최초 취득원가에 자본적 지출을 더한 금액을 말합니다. 둘째, **잔존가치**는 내용연수 종료시점에 자산의 예상처분가액에서 예상처분비용을 차감한 금액입니다. 유형자산은 그 수명을 다하면 처분을 하게 되는데요, 그 때 결국 팔고 남는 순현금이 잔존가치입니다. 마지막 절친인 **내용연수**는 유형자산이 사용 가능할 것으로 기대되는 기간 또는 유형자산으로부터 얻을 것으로 예상되는 생산량 등을 의미합니다. 내용연수의 추정은 실무적으로도 매우 고도의 추정을 요구하는 분야로 사용으로 인한 감소뿐만 아니라 기술적 진부화 및 마모 등의 요인을 총체적으로 고려하여 추정하여야 합니다. 이런 의미에서 내용연수를 **경제적 내용연수**라고도 하죠. 사실 실무적으로는 정확한 유형자산의 내용연수를 추정한다는 것은 정말 어렵습니다. 그렇다고 절친 하나가 빠지면 감가상각을 할 수 없으니 이럴 때 회계에서는 이용 가능한 최대한의 정보를 사용해 가장 합리적인 방법으로 최선을 다해 추정하게 됩니다. 뭐가 최선인지의 경계는 알려주지 않지만요.

감가상각의 3요소가 정해졌다면 감가상각대상액(취득원가 – 잔존가치)을 내용연수 동안 합리적이고 체계적으로 배분하는 방법이 필요한데요, 이를 **감가상각방법**이라고 하고 대표적으로 정액법, 정률법, 생산량비례법, 연수합계법 등이 있습니다.

정액법은 내용연수에 걸쳐 균등하게 감가상각비를 인식하는 방법으로 이는 시간의 경과에 따라 자산의 가치가 일정하게 감소한다고 가정하죠. 실제로 자산의 가치가 시간의 경과와 비례하여 감소하는 경우는 매우 드문 경우이므로 이론상 타당하지는 않으나, 실무적 편의 때문에 널리 쓰이고 있는 방법이죠. 정액법에서 매 회계연도에 인식할 감가상각비는 다음과 같이 계산됩니다.

> 감가상각비 = (취득원가 – 잔존가치) ÷ 내용연수

정률법은 취득 초기에 많은 감가상각비를 계상하고 내용연수가 경과함에 따라 감가상각비를 적게 계상하는 방법입니다. 일반적으로 내용연수가 경과함에 따라 유형자산의 수선비는 증가하기 마련인데 유형자산 관련 비용인 감가상각비와 수선비의 합을 평준화시

키는 효과가 있습니다. 정률법에서 매 회계연도에 인식할 감가상각비는 다음과 같이 계산됩니다.

$$감가상각비 = (취득원가 - 감가상각누계액) \times 감가상각률$$

$$감가상각률 = 1 - \sqrt[n]{\frac{잔존가치}{취득원가}} \quad (n: 내용연수)$$

위 식에서 알 수 있는 듯이 감가상각누계액이 내용연수 경과에 따라 매년 증가하므로 정률법하에서는 감가상각비가 감소합니다.

한편, **생산량비례법**은 주로 광산, 유전, 벌목 등 채굴산업에서 사용되는 방법으로 유형자산의 감소가 시간의 경과보다는 조업도와 비례할 경우 유용하죠. 구체적인 방법은 다음과 같습니다.

$$감가상각비 = (취득원가 - 잔존가치) \times (실제 생산량 \div 총예상생산량)$$

37 **감가상각비**는 재무제표에 어떻게 표시하나?

감가상각비가 재무제표에 표시되는 방법을 알아볼까요? 먼저 유형자산의 감가상각비 누적액을 **감가상각누계액**이라고 하는데요, 유형자산의 차감계정으로 재무상태표에 표시합니다. 여기서 취득원가에서 감가상각누계액을 차감한 잔액을 **미상각잔액**이라고 하는데요, 이는 유형자산의 공정가액을 나타내는 것이 아니며 유형자산의 취득원가 중 향후 비용화될 금액을 의미합니다.

그럼 손익계산서에는 어떻게 표시될까요? 그야 당연히 감가상각비라고 표시되겠죠? 일단은 맞습니다. 그러나 유형자산이 영업활동 중 어디에 기여했느냐에 따라 가는 길이 조금 다릅니다. 예를 들어, 똑같은 건물이라고 하더라도 공장에서 사용한 건물과 본사에서 사용한 건물의 감가상각비는 결국 비용으로 처리되지만 공장에서 사용한 건물의 감가상각비는 제품을 만드는 데 기여했으므로 일단 재고자산의 원가를 구성하여 재고자산으로 인식되었다가 재고자산이 판매될 때 비로소 매출원가로 비용화됩니다. 반면, 본사에서 사용한 건물의 감가상각비는 판매비와관리비로 바로 비용화됩니다.

이렇게 어떤 영업활동에 기여했느냐에 따라 감가상각비가 다르게 회계처리되는 이유는 **수익·비용대응의 원칙** 때문인데요, 서로 관련된 수익과 비용을 동일한 기간에 일치시켜 인식하는 것을 말합니다. '원인 없는 결과는 없다'는 격언처럼 공장에서 사용된 건물의 감가상각비는 매출이라는 원인으로 인해 발생하였으므로 매출원가에 포함시켜 동일한 기간에 인식합니다. 그런데 살다보면 가끔 결과는 있는데 원인이 애매모호할 때도 있죠. 본사에서 사용한 건물의 감가상각비가 이에 해당합니다. 어쩌겠습니까? 원인을 못 찾았으니 그냥 발생 즉시 비용이라고 인식하는 수밖에……

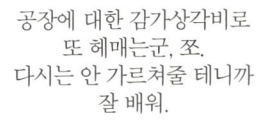

38. 유형자산을 공정가액으로 평가하다!
_재평가모형

유형자산은 취득원가에서 감가상각누계액을 차감하는 형식으로 표시한다고 했죠. 이것을 **원가모형**이라고 합니다. 그런데 유형자산의 공정가액이 크게 변한 경우 취득원가로 표시하는 것과 공정가액으로 평가하는 것 중 어느 것이 의사결정에 유용할까요? 이에 관해서는 회계적으로 많은 논란이 있어 왔던 것이 사실입니다. 공정가액으로 평가하는 것은 기업의 이익을 조작하기 위한 목적으로 악용될 소지가 있는 반면 유형자산을 시가로 표시할 수 있는 장점이 있기 때문이죠.

이렇게 유형자산을 공정가액으로 재평가하는 것을 **재평가모형**이라고 합니다. 기업은 원가모형 또는 재평가모형을 선택할 수 있습니다. 구체적으로 재평가모형은 유형자산의 취득원가에서 기존의 감가상각누계액을 전부 제거하고 순장부가액이 재평가금액이 되도록 수정합니다. 재평가모형을 선택했다면 주기적으로 재평가를 해야 합니다. 발을 들여 놓지 않았으면 모를까 일단 들여 놓은 다음에는 일관성 있게 수행해야 정보의 계속성을 유지할 수 있기 때문이죠.

한편, 재평가는 유형자산별로 수행할 수 있는데 예를 들어, 토지와 건물은 재평가모형을 선택하고 기계장치는 원가모형을 선택할 수 있습니다. 그러나 일부는 원가모형을, 일부는 재평가모형을 선택할 수는 없습니다. 똑같은 학생을 선생님이 차별한다면 문제가 생기지 않겠어요? 회계에서 열심히 계정과목을 나누는 이유도 알고 보면 같은 계정과목을 공평하게 대해주기 위해서입니다. 재평가 결과 유형자산의 장부금액이 증가하였다면 그 증가액은 재무상태표 중 기타포괄손익누계액으로 처리하고 감소하였다면 그 감소액은 손익계산서에 당기손실로 반영합니다. 이는 손실은 미리 반영하고 이익은 좀 더 신중하게 반영함으로써 재평가로 인해 기업의 이익이 부풀려지는 것을 차단하기 위해서입니다.

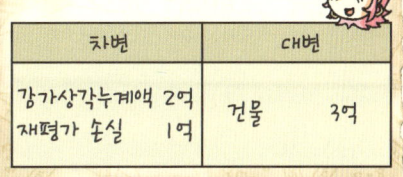

39. **감가상각비**가 현금을 창출한다?

감가상각비는 비용이지만 현금을 창출하는 효과를 갖고 있어 기업 입장에서는 아주 기특한 친구입니다. 기껏 감가상각비는 결국 비용으로 처리된다고 설명해놓고 뭔 말이냐고 하실 분이 있을 것입니다. 한 입 가지고 두 말을 하겠습니까? 감가상각비는 비용이 맞습니다. 그런데 다른 비용들과 성격이 조금 다릅니다. 바로 현금 지출이 수반되지 않는 비용이라는 것이죠. 유형자산은 취득하는 시점에서 일시에 현금이 지출되지만 감가상각을 통해 현금의 지출 없이 비용으로 인식됩니다.

그럼 현금의 지출 없는 비용이 현금을 창출하는 것과 무슨 관계가 있을까요? 비밀은 **법인세**에 있습니다. 감가상각비는 법인세법상 비용으로 인정받기 때문에 감가상각비에 법인세율을 곱한 것만큼 법인세를 덜 내게 되죠. 이것을 **감가상각비의 법인세 절감효과**라고 합니다. 예를 들어볼까요? 어느 기업의 감가상각비 및 법인세 반영 전 이익이 10억원, 감가상각비 1억원, 법인세율은 20%였다고 가정하면 그 기업의 감가상각비가 있을 경우와 없을 경우의 현금유입액은 어떻게 다를까요? 먼저 감가상각비가 있을 경우의 현금유입액은 10억에서 1억원을 뺀 금액에 법인세 20%를 빼고 실제로 감가상각비는 현금 지출을 수반하지 않았으므로 1억을 도로 더해줍니다. 8.2억원[(10억원−1억원)×(1−20%)+1억원]이네요. 그럼, 감가상각비가 없을 경우는 어떨까요? 8억원[(10억×(1−20%)]으로 계산되셨나요? 차이가 얼마죠? 감가상각비의 법인세 절감효과인 0.2억원(1억원×20%)과 정확히 일치하죠. 그래서 개인기업을 운영하는 사업가와 백수가 똑같은 자동차를 몰더라도 백수는 자동차 취득원가를 다 지불하고 구입하지만 사업가는 감가상각비의 법인세 절감효과만큼 싸게 지불한 결과를 낳습니다. 놀지 말고 일해야 하는 이유가 회계에도 있었네요.

40 눈으로 확인 안 되는 **무형자산**

무형자산을 개념적으로 정의하는 것은 사실 좀 어려운데요, 한 번 들어나 보시죠? 물리적 형체가 없지만 식별 가능한 비화폐성자산. 여기서 물리적 형체가 없다는 거야 무형無形이니까 당연한 거겠죠. 식별 가능하다는 말은 무엇일까요? **식별 가능하다**는 것은 그 자산이 기업이나 다른 자산으로부터 분리될 수 있거나 법적 권리를 창출할 수 있는 경우를 말합니다. 여전히 어렵나요? 무형자산이 눈으로 볼 수 있는 자산이 아니다 보니 설명이 좀 난해할 뿐 사실 무형자산의 종류를 알게 되면 그리 어렵지는 않습니다. 다만, 눈으로 확인할 수 없기 때문에 무형자산으로 인식하기 위한 요건이 다른 자산에 비해 까다로운 것은 사실입니다. 일상생활에도 눈으로 확인할 수 있는 것이 할 수 없는 것보다 더 믿음이 가는 것은 인지상정이겠죠.

무형자산의 종류에는 법률 또는 계약을 통해 일정 기간 동안 독점적·배타적인 권리를 갖는 산업재산권, 라이선스, 프랜차이즈, 저작권, 광업권 등이 있고, 합병 또는 기업인수 과정에서 발생하는 영업권, 내부적으로 창출한 개발비 등이 있습니다. 여기서 개발비와 다른 무형자산은 크게 구별되는 되는데 **개발비**는 내부적으로 창출된 자산인 반면 다른 무형자산은 외부에서 취득하는 자산이기 때문입니다. 여러분은 외부에서 취득한 자산이 내부적으로 창출한 자산보다 왠지 더 믿음이 가나요? 개인마다 차이가 있을 수도 있지만 회계는 그렇습니다. 그래서 개발비를 자산으로 인식하기 위한 요건은 다른 무형자산에 비해 엄격한 편입니다. 개발비 자산 요건에 대해서는 장을 달리하여 설명하겠습니다.

영업권은 기업이 기술, 영업력, 독점적 지위, 경영자의 경영능력 등으로 인해 그 기업이 갖는 초과수익력을 의미합니다. 그런데 기업이 임의로 자신의 초과수익력을 평가하여 자산으로 계상할 수 있을까요? 초과수익력의 산출 자체가 거의 불가능하기 때문에 일반적으로 내부적으로 창출한 영업권은 인정하지 않습니다. 따라서 회계에서는 합병이나 기업인수와 같이 소위 M&A 과정에서 유상으로 취득한 영업권만을 인식합니다.

그럼 영업권은 어떻게 측정할까요? 영업권은 M&A의 대가로 지불한 금액 중 인수한 기업의 순자산(자산-부채)의 공정가액을 초과하여 지불한 금액으로 측정합니다. 더 쉽게는 기업이 다른 기업을 인수할 때 눈으로 확인 가능한 순자산 이외에 그 기업의 노하우를 사기 위해 추가로 지불하는 금액으로 생각하면 됩니다. 예를 들어 박지성 선수의 축구화가 경매에 나온 경우 일반 축구화의 가격보다 훨씬 높게 낙찰되죠. 낙찰자는 정상 가격보다 비싸게 축구화를 구입하게 되지만 이를 통해 얻을 수 있는 심리적 만족감이 크거나 아니면 장래에 더 비싼 가격으로 팔 수도 있겠죠. 이 때 축구화의 정상 가격보다 높게 지불한 금액이 낙찰자에게는 영업권이라고 할 수 있겠네요.

한편, 무형자산도 물리적 형체가 없다 뿐이지 유형자산과 같이 영업활동에 기여하는 것은 마찬가지입니다. 따라서 유형자산의 회계처리와 같이 감가상각(무형자산은 그냥 '상각'이라고 표현함) 회계처리, 취득 후 지출에 대한 회계처리 등이 필요하며 유형자산과 거의 유사하다고 봐도 크게 무리는 없습니다. 다만, 무형자산은 매년 상각액을 상각누계액으로 하여 무형자산의 차감계정으로 표시하지 않고 무형자산에서 직접 차감하여 순액으로 표시합니다.

또, 무형자산은 유형자산에 비해 경제적 효익이 미치는 기간을 추정하는 것이 쉽지 않으므로 독점적·배타적인 권리를 부여하고 있는 관계 법령이나 계약에 정해진 경우를 제외하고는 상각기간이 20년을 초과할 수 없도록 강제하고 있습니다. 상각 방법도 정액법, 정률법, 연수합계법, 생산량비례법 등 무형자산의 경제적 효익이 소비되는 행태를 반영하여 정하도록 하고 있지만 정할 수 없는 경우는 정액법을 사용하도록 하고 있습니다.

41 자산으로 인식하기 참 어려운 **개발비**

성공을 위해서라면 꾸준한 노력이 필요합니다. 기업도 영업 성격에 따라 조금 다르긴 하지만 남다른 성장을 위해서는 당장 돈이 되진 않지만 뭔가 특별한 투자가 필요합니다. 이렇게 기업은 신제품이나 신기술 개발을 위해 **연구개발비**R&D, Research and Development cost를 지출합니다. 이 때 지출된 연구개발비를 즉시 비용으로 처리할 것이냐 아니면 자산으로 인식할 것이냐가 개발비 회계처리의 핵심이라고 할 수 있습니다. 비용으로 처리해야 한다는 견해는 연구개발을 통해 기대되는 미래의 경제적 효익이 불확실하고 그로부터 얻게 되는 수익과의 연관성도 주관적이라고 보는 거죠. 반면, 자산으로 인식해야 한다는 견해는 연구개발은 미래의 경제적 효익 창출에 기여하기 때문에 자산으로 인식 후 관련 수익과 대응이 되도록 상각을 통해 비용으로 인식해야 한다고 봅니다. 누구의 견해가 마음에 드나요? 적어도 일반기업회계기준은 개발비를 자산으로 인정합니다. 그럼 연구개발 활동과 관련된 모든 지출이 자산으로 인정될까요? 가뜩이나 비용으로 처리하자는 견해도 있는 개발비를 무한정 인정해주진 않겠죠? 그래서 개발비의 자산 인식 요건은 다른 자산에 비해 무지 까다로운 편입니다.

개발비의 자산 인식 요건을 설명하기에 앞서 여기서의 개발이 어떤 의미인지부터 알아야겠지요. 직관적인 예를 들면 흑백TV가 컬러TV로 바뀌게 되는 정도를 개발이라 할 수 있습니다. 성능을 그저 조금 개선시키는 활동은 처음부터 개발비의 대상이 아니란 얘기죠. 그럼 이제 개발비의 자산 인식 요건을 알아볼까요? 먼저 연구개발 활동을 연구 단계와 개발 단계로 구분할 수 있어야 합니다. 그럼 뭐가 '연구'고 뭐가 '개발'일까요? 사실 양자를 구분하는 것은 현실적으로 매우 어렵습니다. 그래서 일반기업회계기준에서도 예시를 들어 설명하고 있지만 딱히 가슴에 팍 꽂히는 않습니다. 연구는 개발을 위해 선행단계로 이루어지는 것이고, 연구가 순수한 냄새가 난다면 개발은 왠지 상업적 냄새가 난다는 식으로 표현할 수 있겠습니다. 아직도 와닿지 않는 분들을 위해 좀 무식하게 설명하면 연구 단계는 아직 신제품이나 신기술을 통해 생산될 제품이나 기술이 아직 보이지 않은 상태이며 개발 단계는 조금만 더 노력하면 곧 제품이나 기술이 나올 수 있는 단계라고 할 수 있겠네요. 그럼 개발 단계에서의 지출은 모두 자산으로 인식할 수 있을까요? 물론 아닙니다. 다음의 관문을 모두 통과해야만 드디어 자산이 됩니다. 이게 바로 **개발비의 자산 인식 요건**인데요, 좀 많습니다. 예상은 하셨겠지만 개발비로 가는 과정이 순탄치 않네요.

- 개발을 통해 생산되는 제품 등이 기술적으로 실현 가능성이 있는 경우
- 개발을 통해 생산되는 제품 등을 기업이 사용하거나 판매할 의도와 능력이 있는 경우
- 개발비가 어떻게 미래 경제적 효익을 창출할 것인가를 입증할 수 있는 경우
- 개발 활동을 완료하고 그것을 사용 또는 판매하는데 필요한 기술적, 금전적 자원을 충분히 보유하고 있다는 사실을 제시할 수 있는 경우
- 개발 단계에서 발생한 관련 지출을 신뢰성 있게 구분하여 측정할 수 있는 경우

좀 어지러운가요? 정리하면 **개발비의 지출이 향후 그 기업의 경제적 효익 창출에 기여할 수 있느냐를 객관적으로 증명할 수 있어야 한다는 것**으로 요약할 수 있습니다. 위 요건을 충족시키지 못한 개발비는 어떻게 할까요? 개발비가 될 운명이 아니니 경상개발비로 즉시 비용처리됩니다. 그럼 개발비로 지출되는 항목은 어떤 게 있을까요? 대략 개발 단계에 직접 종사한 인원에 대한 인건비, 개발 활동에 직접 사용된 재료비, 용역비, 감가상각비 등과 개발 단계에 간접적으로 지출된 항목들이 개발비의 취득원가를 구성합니다.

1. 개발을 통해 생산되는 제품이 기술적으로 실현 가능성이 있는 경우
2. 개발을 통해 생산되는 제품을 기업이 사용하거나 판매할 의도와 능력이 있는 경우
3. 개발비가 어떻게 미래 경제적 효익을 창출할 것인가를 입증할 수 있는 경우
4. 개발활동을 완료하고 그것을 사용 또는 판매하는데 필요한 기술적, 금전적 자원을 충분히 보유하고 있다는 사실을 제시할 수 있는 경우

42 갈 데 없는 애들은 모여라!
_기타비유동자산

기타비유동자산은 그야말로 기타인데요, 비유동자산 중 자산의 성격상 투자자산, 유형자산, 무형자산으로 분류할 수 없는 자산들이 모이는 곳입니다. 기타비유동자산에는 이연법인세자산, 임차보증금, 당좌자산 중 그 실현기간이 장기인 장기매출채권, 장기미수금, 장기선급비용 등이 있습니다. 이 중에서 장기매출채권과 장기미수금 등의 가장 중요한 이슈인 현재가치에 대한 회계처리는 이미 설명을 드렸죠. **임차보증금**은 임대차계약에 따라 임차인이 지급한 보증금을 말하는데요, 임차인 입장에서 임대차계약 종료 시 반환받을 금액이므로 자산으로 인식합니다.

　이연법인세자산이 있으면 이연법인세부채도 있겠죠? **이연법인세자산·부채**는 재무제표를 작성하기 위한 회계기준과 법인세 계산을 위한 회계기준이 서로 다르기 때문에 필요한 계정과목입니다. 양 회계기준은 서로 일치하기도 하지만 많은 부분에 있어 다른 기준을 가지고 있는데요, 그 이유는 양 회계기준의 제정 목적이 서로 다르기 때문입니다. 태어난 배경이 다르기 때문에 차이점도 있지만 어쨌든 회계라는 공통분모가 있기 때문에 일치하는 점도 많은 것이 사실이죠. 자세한 내용은 나중에 법인세비용 부분에서 설명하겠지만 양 회계기준의 차이점으로 인해 일반기업회계기준상의 법인세비용과 세무목적상의 법인세비용이 서로 다르게 계산됩니다. 이 차이 금액 중에는 기업의 향후 법인세를 감소시키는 차이 금액이 있고 오히려 증가시키는 차이 금액이 있는데요, 전자를 이연법인세자산, 후자를 이연법인세부채라고 합니다. 이연법인세자산과 이연법인세부채 중 1년 이내에 실현될 것으로 기대되는 것은 각각 **당좌자산**과 **유동부채**로 분류합니다. 그리고 이연법인세자산과 이연법인세부채는 유동은 유동끼리 비유동은 비유동끼리 서로 상계해서 인식한다는 점도 기억해 두세요.

43 자산이 다쳤다?
_자산의 손상

지금까지 자산회계에 대해 설명을 했는데요, 여러 가지 얘기가 있었지만 기억을 잘 더듬어보면 자산은 원칙적으로 취득원가로 기록한다고 말씀드렸습니다. 그럼, 회계는 자산을 취득원가로 기록한 후 다른 액션을 취하지 않을까요? 당연히 아닙니다. 회계는 그렇게 게으른 친구가 아닙니다. 결산시점에 항상 평가라는 과정을 거치죠. 이미 각 자산을 설명하면서 평가 과정에 대해 말씀을 드렸지만 다시 정리해볼까요?

먼저 수취채권을 평가한다는 것은 뭘까요? 예, 바로 회수 가능성을 검토해 대손충당금을 설정하는 것이 수취채권의 평가라고 할 수 있죠. 그럼, 재고자산의 평가는요? 맞습니다. 저가법 평가라는 것이 있었죠. 이것도 자산의 평가 과정입니다. 또 하나가 있었는데요, 유가증권의 평가입니다. 단기매매증권과 매도가능증권은 공정가액으로 평가한다고 말씀드렸습니다. 이 시점에서 뭔가 빼먹은 듯한 생각이 안 드나요? 유형자산, 무형자산, 투자자산의 평가에 대한 설명이 없었죠. 여기서 한꺼번에 설명하는 것이 더 이해하기 쉽기 때문에 슬쩍 생략하고 넘어갔습니다. 자, 그럼 설명해볼까요? 이미 말씀드린 바와 같이 회계는 항상 자산의 자산성에 대해 끊임없이 의심합니다. "자산, 네가 취득원가만큼 값어치가 있는 거야?"라고 계속 묻는 거죠. 수취채권이나 재고자산의 평가도 이 질문의 대한 답이라고 할 수 있습니다. 그래서 유형자산, 무형자산, 투자자산에게도 그 표현은 좀 다르지만 비슷한 질문을 합니다. "너 어디 다치지 않았니?" 이렇게 질문한 결과 좀 심하게 다친 것 같으면 그 다친 만큼을 **손상차손**이라고 하여 영업외비용으로 인식합니다. 과히 회계는 자산성에 대해서는 의심병 환자라 할 수 있겠네요.

먼저 유형자산입니다. 유형자산은 진부화 또는 시장가치의 급격한 하락 등으로 인해 해당 유형자산의 미래 경제적 효익이 장부가액에 중요하게 미달할 상황이 발생할 수 있는데요, 이럴 때 유형자산이 다쳤다고 할 수 있습니다. 이 때 주의해야 할 단어는 '중요하게' 입니다. 조금 다친 것은 다쳤다고 표현하지 않는다는 것이죠. 그럼 유형자산이 다쳤을 경우 어느 정도 다쳤는지 판단할 기준이 필요하겠죠. 이것이 바로 **유형자산의 회수가능액**이라는 것인데요, 회수가능액은 순공정가치와 사용가치 중 큰 금액을 의미합니다. **순공정가치**라는 것은 해당 유형자산의 예상처분가액에서 예상처분비용을 차감한 금액을 말합니다. 또, **사용가치**는 해당 유형자산의 사용으로부터 예상되는 미래 현금흐름의 현재가치를 말합니다. 쉽게 말해 그 유형자산으로부터 향후에 얼마를 벌 수 있냐는 것이죠. 사용가치를 구하는 것이 언뜻 봐도 쉽지는 않겠죠? 실무적으로도 사실 무지 어렵습니다. 어쨌든 이렇게 산출한 회수가능액과 장부가액의 차이를 **유형자산손상차손**이라 합니다. 여기서 주의해야 할 점은 먼저 감가상각을 한 후의 장부가액과 회수가능액을 비교하여 손상차손을 인식한다는 것입니다. 예를 들어볼까요? 손상 기업이 보유하고 있는 기계장치의 취득원가 1억원, 내용연수 5년, 경과연수 2년, 순공정가치 3천만원, 사용가치 2천만원, 감가상각방법은 정액법, 잔존가액은 0이라고 하면 취득 후 2년 시점의 회계처리는 어떻게 될까요? 먼저 결과부터 보시죠.

차변		대변	
감가상각비	20,000,000	감가상각누계액	20,000,000
유형자산손상차손	30,000,000	손상차손누계액	30,000,000

먼저 감가상각비 2천만원(1억원÷5년)을 인식했습니다. 감가상각 후 장부가액은 6천만원(1억-2천만원×2년)입니다. 손상차손은 장부가액 6천만원에서 회수가능액(순공정가치 3천만원과 사용가치 2천만원 중 큰 3천만원)을 차감하여 3천만원입니다. 회수가능액을 산출하는 과정을 무시하니 참 쉽습니다.

좀 더 나아가볼까요? 손상차손을 인식한 후 다음 연도에 다친 것이 일부 회복되었습니다. 즉, 회수가능액이 장부가액을 초과했다는 얘기죠. 이럴 경우 어떻게 해야 할까요? 그냥 무시할까요? 그럴 리가 있습니까? 회복한 부분을 인식해줘야죠. 단 조건이 있습니다. 이 때 인식할 수 있는 회수가능액은 해당 유형자산이 손상되지 않았을 경우의 장부가액을 초과할 수 없다는 것입니다. 그 초과분을 인식하는 것은 취득원가를 초과해서 인식하는 것과 똑같은 결과를 초래하기 때문에 당연한 기준이라 할 수 있습니다. 그럼, 위의 예를 이어서 다음 해에 회수가능액이 5천만원이 되었을 경우 회계처리는 어떻게 해야 할까요?

차변		대변	
감가상각비	10,000,000	감가상각누계액	10,000,000
손상차손누계액	20,000,000	유형자산손상차손환입	20,000,000

먼저 기초 장부가액 3,000천만원을 잔존내용연수 3년으로 나누어 감가상각비 1천만원을 인식합니다. 그럼 기말 장부가액은 2천만원(3천만원-1천만원)이 되겠죠. 그리고 이 2천만원과 회수가능액 4천만원(손상되지 않았을 경우의 장부가액 4천만원(1억-2천만원×3년)과 회수가능액 5천만원 중 작은 금액)의 차이를 **손상차손환입**으로 인식하면 됩니다. 무형자산도 유형자산과 동일한 내용으로 이해하면 됩니다.

다음으로 투자자산인데요, 예를 들어 매도가능증권의 경우 해당 기업의 부도 등으로 인해 매도가능증권의 회수가능액에 대해 무지 의심스러운 상황이 생길 수 있는데요, 이럴 경우에도 매도가능증권을 회수가능액으로 인식하고 장부가액과의 차이는 **매도가능증권손상차손**으로 인식하여야 합니다. 다만, 만약 기타포괄손익누계액에 매도가능증권평가손익이 있었다면 그 금액을 먼저 상계한 후 나머지 금액이 손상차손으로 인식됩니다.

44. 수취채권의 또 다른 나 _지급채무

거래 상대방으로부터 받아야 할 돈을 수취채권이라 설명했는데 기억이 나시나요? 세상만사가 모두 주고받는 거라 받아야 할 돈이 있다면 반대로 줘야 할 돈도 있겠죠? 즉, 나에게 수취채권은 상대방에게는 **지급채무**가 됩니다. 지급채무도 수취채권과 마찬가지로 줘야 할 돈이라는 공통점이 있지만 어떤 거래로 발생했느냐에 따라 각각 부르는 이름이 다릅니다. 물론 이름은 다르지만 지급채무 집안이기 때문에 회계처리는 유사합니다.

먼저 일반적인 상거래로부터 발생한 **매입채무**가 있습니다. 재고자산이나 용역을 제공받고 주어야 할 돈을 말합니다. 이 때 어음을 줬다면 **지급어음**이라 하고, 아무것도 주지 않았다면 **외상매입금**이라 합니다. 다음으로 일반적 상거래 이외에 거래에서 발생한 예를 들어, 기계장치를 외상으로 구입하였다면 이 때 기록해야 할 계정과목이 **미지급금**입니다. 매입채무와 미지급금 이외의 지급채무로 차입금과 선수금이 있는데요, **차입금**은 금전소비대차 계약에 따라 거래 상대방에게 돈을 빌린 경우 채무자 입장에서 기재하는 계정과목입니다. 한편, 기업은 사전에 은행과의 당좌차월 계약을 통해 예금의 잔액이 부족하더라도 수표를 발행해 현금의 인출이 가능한데요, 이 때 예금 잔액을 초과하는 금액을 **당좌차월**이라 하고 **단기차입금**으로 분류합니다. 개인이 사용하는 마이너스 통장을 생각하면 이해가 쉬울 듯합니다. 기업은 제품이나 용역을 제공하기 전에 미리 약속한 일정 금액의 돈을 받기도 하는데요, 이 때 사용하는 계정과목이 **선수금**입니다. 이러한 선수금은 제품이나 용역을 제공하는 기업이 거래 성격상 우위에 있거나 제품이나 용역을 제공하는 데 초기에 막대한 자금이 소요되어 거래 상대방이 미리 지급하는 경우에 주로 발생합니다. 물건이 없어 못 팔 정도로 잘 되는 기업의 경우와 아파트를 공급하기 전에 분양대금을 미리 받는 걸 생각하면 됩니다.

45 기간 손익을 인식하자 _선수수익 & 미지급비용

자, 이제 매입채무, 미지급금, 단기차입금, 선수금 이외에 대표적인 유동부채에 대해 알아볼까요? 먼저 대표선수들을 소개하면 선수수익, 미지급비용, 예수금, 당기법인세부채, 유동성장기부채 등이 있습니다. **선수수익**은 선급비용에 대한 상대방 기업의 부채계정인데요, 예를 들어볼까요? 20X1년 11월 1일에 임대기업이 임차기업에 건물을 임대하고 3개월마다 1,200,000원을 선수취하기로 했습니다. 임대기업의 20X1년 11월 1일과 결산일인 12월 31일에 임대기업의 회계처리는 다음과 같습니다.

20X1년 11월 1일

차변		대변	
현금 및 현금성자산	1,200,000	임대료수익	1,2000,000

20X1년 12월 31일

차변		대변	
임대료수익	400,000	선수수익	400,000

선수수익은 용역을 제공하는 기업 입장에서 아직 용역이 제공되지 않은 기간에 대해 부채를 인식하기 위한 계정입니다. 이미 현금을 회수했는데 부채로 처리하는 것이 좀 이상하다고요? 만약 임대기업과 임차기업 간 임대차계약이 20X1년 12월 31일에 해지되고 임대기업은 임차기업에게 다른 조건이 없다면 용역 미제공 기간에 대해 먼저 받은 임대료

를 반납해야 하므로 미경과임대료분을 부채로 계상하는 것입니다. 역시 이면에는 발생주의 회계가 깔려 있다는 것도 잊지 마세요.

한편, **미지급비용**도 미수수익에 대한 상대방 기업의 부채계정인데요, 미지급비용에는 미지급이자, 미지급임차료, 미지급급여 등이 있습니다. 이 역시 미지급임차료를 예로 설명해볼까요? 20X1년 11월 1일에 임차기업이 임대기업에 건물을 임차하고 3개월마다 1,200,000원을 후지급하기로 하였습니다. 임차기업은 결산일인 20X1년 12월 31일에 어떤 회계처리가 필요할까요? 임차기업은 아직 임차료를 지급하지는 않았지만 2개월(20X1년 11월 1일~12월 31일)의 용역을 제공받았죠. 따라서 2개월치에 해당하는 임차료분을 비용과 부채로 계상해야 합니다. 이 또한 발생주의 회계에 따른 결산 분개에 해당하죠.

차변		대변	
임차료	800,000	미지급비용	800,000

예수금은 일반적인 상거래가 아닌 거래에서 발생한 일시적 제예수액으로 향후 지급할 의무가 있는 부채계정을 말합니다. 예를 들어, 기업은 종업원의 급여 지급 시 4대 보험을 떼고 지급하는데요, 이렇게 뗀 4대 보험료는 기업이 잠시 보유하고 있다가 납부합니다. 이럴 때 필요한 부채계정이 예수금입니다.

당기법인세부채는 기업의 영업 결과 이익에 대해 납부하는 법인세와 주민세의 미지급액을 의미합니다. 기업은 기중에도 원천징수 및 중간예납을 통해 법인세를 납부하게 되는데요, 이는 당좌자산의 선급법인세로 계상하죠. 그리고 결산 시 최종적으로 계산한 법인세와 선급법인세의 차이를 당기법인세부채로 계상합니다.

유동성장기부채는 장기차입금 중 1년 내 만기가 도래하는 장기차입금을 유동부채로 대체할 때 사용하는 계정과목입니다. 처음부터 단기로 빌린 단기차입금에 포함시키지 않고 따로 구분하죠.

46 미리미리 쌓아야 할 부채
_충당부채

이름도 특이한 충당부채는 무엇일까요? **충당부채**는 과거 사건이나 거래의 결과에 의한 현재 의무로서 지출의 시기 또는 금액이 불확실하지만 그 의무를 이행하기 위해 자원이 유출될 가능성이 매우 높고 또한 당해 금액을 신뢰성 있게 추정할 수 있는 부채를 말합니다. 충당부채도 부채인지라 부채의 정의와 유사하지만 '지출의 시기가 불확실하고 금액이 불확실하긴 하지만 신뢰성 있게 측정할 수 있다'는 말이 추가적으로 있습니다. 이는 지출 시기와 금액이 확정되어 있는 **확정부채**(예: 매입채무, 미지급금)와 비교해 설명하기 위한 것입니다.

충당은 미리 쌓아둔다는 개념을 내포하고 있습니다. 다시 말해 당장 지출될 것 같지도 않고 정확하지는 않지만 금액을 추정할 수 있다면 부채로 인식하지 못할 이유가 없다는 것이죠. 회계는 자산을 과대하게 인식하는 것을 매우 싫어하는데 이에 못지않게 부채를 과소하게 인식하는 것도 무지 싫어합니다. 그러니 시기와 금액의 불확실성은 부채로 인식하지 않는데 하등 이유가 되지 않죠. 왜냐? 회계는 말씀드린 바와 같이 어차피 추정을 필요로 하며 최선을 다해 추정했다면 그 정도에서 만족하기 때문입니다. 충당부채의 상대계정은 **충당부채적립액** 또는 **충당부채비용**으로 실제로 충당부채의 원인이 발생한 기간에 비용으로 인식한다는 점에서 발생주의와도 부합합니다. 가끔 실무적으로도 충당부채가 발생하는 시점에는 금액 추정이 불확실하므로 실제 현금이 지출되는 시점에 충당부채비용을 인식하려는 경향이 있는데요, 이는 회계는 추정을 두려워하지 않는다는 사실을 깜박한 결과라 할 수 있습니다.

그럼, 충당부채에는 어떤 종류가 있을까요? 기업 성격마다 다양한 충당부채가 있을 수 있는데요, 악덕 경영자가 아니라면 기본적으로 임직원 퇴직 시 지급해야 할 **퇴직급여충당부채**는 기본적으로 다 있겠죠. 추가로 판매 후 품질 등을 보증하기 위한 **반품충당부채**, 판매 촉진을 위한 **마일리지충당부채**, 사용 후 원상복구를 위한 **복구충당부채** 등이 있습니다. 여기서 마일리지충당부채는 우리가 개념적으로 가장 쉽게 접할 수 있는 충당부채인데요, 예를 들어, 파XXX뜨 빵집에 가서 빵을 사면 마일리지를 적립해주죠? 파XXX뜨는 고객이 원할 경우 마일리지에 해당하는 빵을 공짜로 주어야 합니다. 그럼 파XXX뜨는 공짜로 주는 빵으로 인해 입는 손실을 부채로 계상해야 하는 거죠. 문제는 언제 부채로 인식할 것이냐와 얼마를 인식할 것이냐로 요약되는데요, 마일리지충당부채가 발생한 원인이 실제로 공짜로 빵을 주는 시점이 아닌 그 전에 빵을 팔아 마일리지가 생긴 시점이므로 마일리지가 생긴 시점에 인식해야 합니다. 그럼 기업은 마일리지금액을 모두 부채로 인식할까요? 그렇지는 않을 것 같습니다. 왜냐하면 모든 사람들이 사용기한 내에 마일리지의 1원까지 다 사용하지는 않잖아요. 마일리지가 있는 것을 잊어먹을 수도 있고, 취향이 바뀌어서 뚜XX르 빵만 사 먹을 수도 있죠. 그래서 아마도 파XXX뜨는 과거 고객의 마일리지 사용률을 고려하여 마일리지충당부채를 인식할 것입니다.

이외에도 일상적으로 발생하진 않지만 당해 계약상의 의무에 따라 발생하는 회피 불가능한 비용이 그 계약에 의해 받을 것으로 기대되는 효익을 초과하는 경우의 손실부담액, 타인의 채무 등에 대한 보증으로 인한 손실예상액, 계류 중인 소송사건 패소에 따른 손실예상액, 구조조정계획과 관련된 손실예상액이 충당부채의 요건을 충족시킨다면 부채로 인식하게 됩니다.

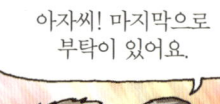

47. 부채이기엔 가깝고도 먼 **우발부채**

충당부채에 이어 이제 우발부채입니다. 결론을 먼저 말씀드리면 **우발부채**는 잠재적인 부채이므로 부채로 인식하지 않습니다.

- 과거 사건은 발생하였으나 기업이 전적으로 통제할 수 없는 하나 또는 그 이상의 불확실한 미래 사건의 발생 여부에 따라 그 존재 여부가 확인되는 잠재적인 의무
- 과거 사건이나 거래의 결과로 발생한 현재 의무이지만 그 의무를 이행하기 위해 자원이 유출될 가능성이 매우 높지 않거나, 또는 그 가능성은 매우 높으나 당해 의무를 이행해야 할 금액을 신뢰성 있게 추정할 수 없는 경우

충당부채와의 차이가 느껴지나요? 좀 어렵게 느껴질 수도 있겠습니다. 먼저 첫 번째는 부채로 인식하기 위한 일단의 사건이 발생하긴 했으나 가장 중요한 사건이 발생하지 않았다는 말입니다. 그러니 아직 부채로 인식할 수 없는 거죠. 두 번째는 가장 중요한 사건이 발생은 하였으나 실제로 기업의 자원(예: 현금)이 유출되지 않을 것 같거나 금액을 도저히 추정할 수 없는 상황을 말합니다.

소송사건의 예를 들면 이해가 빠른데요, 원고기업이 피고기업과의 로열티 분쟁으로 피고기업을 제소해 손해배상청구 소송이 진행 중이라고 합시다. 피고기업은 고문변호사에

게 의뢰해 소송에 대응하겠죠? 현재 1심 진행 중에 있으며 고문변호사가 "피고기업은 동 소송에서 패소할 가능성이 매우 낮습니다"라고 조언을 합니다. 이런 경우 피고기업은 소송이라는 일단의 사건이 발생하였으나 고문변호사의 의견에 의하면 패소라는 아직 가장 중요한 사건이 발생하지 않은 거죠. 따라서 단지 우발부채가 발생하였을 뿐 충당부채로는 인식하지 않습니다. 이후 소송사건이 불리하게 진행되어 1심에서 패소하고 항소하여 2심이 진행되게 됩니다. 이번엔 고문변호사가 이렇게 조언합니다. "아무래도 2심에서도 질 것 같아요." 이제 피고기업은 어떻게 해야 할까요? 예, 일단 고문변호사를 해고해야겠죠. 이미 질 것으로 예상되는 소송을 2심까지 진행시켰으니까요. 그러나 회계적으로 동 소송사건 패소로 인한 예상손실액을 충당부채로 계상해야 합니다. 부채로 인식하기 위한 가장 중요한 사건(1심 패소와 고문변호사의 2심 패소 예상의견)도 이미 발생하였고, 소송으로 인해 자원의 유출 가능성도 매우 높아졌기 때문입니다. 소송으로 인한 손실예상액은 물론 최선을 다해 합리적인 금액을 추정해야겠죠.

이렇게 우발부채는 충당부채와 매우 가까우면서도 부채로 인식되지 않기에 또 먼 사이입니다. **우발부채는 부채로 인식하진 않지만 자원이 유출될 가능성이 매우 낮지 않는 한 주석으로 기재해야 합니다.**

한편, 원고기업 입장에서는 어떻게 해야 할까요? 원고기업은 반대로 **우발자산**이 발생했다고 할 수 있는데요, 우발자산은 상황 변화로 인해 자원의 유입이 확정된 경우에만 자산으로 인식합니다. 여기서 자산의 유입이 확정되지 않고 단지 유입 가능성이 매우 높은 경우에는 주석으로만 기재합니다. 말씀 드렸죠? 회계는 자산의 인식 요건이 무지 까다롭다고요.

48 현재가치 회계의 진수
_사채

개인도 마찬가지이지만 기업도 기업 운영을 위해서 자금을 필요로 합니다. 기업은 필요한 자금을 여러 가지 방법으로 조달할 수 있는데요, 기업이 직접 조달하는 방법과 금융기관 등을 통해 조달하는 방법이 있죠. 보통 전자를 직접금융이라 하고 후자를 간접금융이라고 합니다. **직접금융**은 주식 또는 회사채 발행을 통해 이루어지는데요, 여기서 회사채는 발행한 기업의 입장에서는 사채가 되고 매입한 기업의 입장에서는 유가증권이 됩니다. 한편, **간접금융**으로 조달한 부채의 계정과목은 차입금이 되죠. 사채나 차입금 모두 부채이지만 사채가 차입금보다 회계처리에 있어 더 복잡한 경우가 많습니다. 그 이유는 사채는 할인발행이나 할증발행을 하는 경우가 있기 때문입니다.

할인 또는 **할증발행**이 무엇인지 이해하려면 회사채에 대한 간단한 지식이 필요합니다. **회사채**는 일명 사채권이라는 것을 발행하여 자금을 빌리는 것을 말하는데요, 이 사채권에는 액면가(원금), 이자율, 이자지급기간, 만기일(상환일)이 있기 마련이죠. 그래서 지금 내가 액면가를 빌리지만 이자지급일에 약속한 이자를 꼬박꼬박 주고 만기가 되면 액면가도 상환하겠다고 약속하는 겁니다. 이렇게 액면가를 빌려 만기일에 액면가를 상환하는 것을 **액면발행**이라고 합니다. 그런데 이렇게 액면가를 빌리지 못하고 액면가 보다 낮게 빌리거나 액면가 보다 높게 빌리는 경우가 발생하기도 합니다. 왜 그럴까요? 회사채를 매입하는 기업이 악덕기업이거나 천사기업이기 때문일까요? 이유는 이자율에 있습니다. **이자율**에도 시장의 원리가 작동하기 때문에 그때마다 시장에서 거래되는 이자율이 있습니다. 이렇게 시장에서 거래되는 이자율을 **시장이자율** 또는 **실질이자율**이라고 합니다. 한편, 사채권에 표시되어 있는 이자율을 **명목이자율**이라고 하는데요, 할인이나 할증발행은 시장이자율과 명목이자율이 다른 경우에 발생하는 거죠. 예를 들어볼까요? 시장이자율은 8%인데 명목이자율이 6%인 사채권이 있습니다. 이 회사채로 자금을 조달할 수 있을까요? 시장이 정상적으로 작동하는 경우라면 아무도 이 회사채를 사려고 하지 않을 겁니다. 그럼 방법이 없을까요? 바로 이 때 할인발행이 필요한 거죠. 시장이자율보다 낮은 이자율로 회사채를 발행했으니 당연히 액면가보다는 낮은 금액을 빌릴 수밖에 없는 거죠. 반대의 경우를 볼까요? 시장이자율은 8%인데 명목이자율은 10%인 사채권이 있습니다. 이 회사채를 액면가에 발행한다면 어떤 일이 벌어질까요? 아마도 서로 사고 싶어 난리가 나겠죠. 시장이자율보다 2%의 이자를 더 얻을 수 있으니 누군들 마다하겠습니까? 그래서 이 회사채는 액면가보다 높은 금액을 빌릴 수 있습니다. 다시 말해 할증발행을 하게 됩니다.

이제 구체적인 예를 들어 회계처리에 대해 설명하겠습니다. 부채기업이 20X1년 1월 1일에 액면가액 1백만원, 명목이자율 8%, 이자지급시기 매년 말, 만기 3년인 회사채를 발행했습니다. 한편, 시장이자율은 각각 10%, 8%, 6%일 경우를 가정해볼까요? 미리 설명드린 대로 부채기업이 이 회사채 발행을 통해 빌릴 수 있는 금액은 각각의 가정에 따라 다르겠죠. 시장이 정상적으로 작동하고 있다면 부채기업이 빌릴 수 있는 금액은 만기 동안의 이자와 원금을 시장이자율로 할인한 금액이 됩니다. 그럼 시장이자율이 10%일 때의 빌릴 수 있는 금액을 구해볼까요?

$$950,263 = \frac{80,000}{(1+10\%)^1} + \frac{80,000}{(1+10\%)^2} + \frac{1,080,000}{(1+10\%)^3}$$

실제로 빌릴 수 있는 금액을 구했으니 회사채 발행일에 회계처리를 해볼까요?

차변		대변	
현금 및 현금성자산	950,263	사채	1,000,000
사채할인발행차금	49,737		

할인발행의 경우 사채의 액면가와 실제로 빌릴 수 있는 금액과의 차이를 **사채할인발행차금**이라고 하고 재무상태표에 **사채의 차감계정**으로 표시합니다. 그럼 사채할인발행차금을 향후에 어떻게 해야 할까요? 만기일에 사채 1백만원만 남아야 하므로 만기일까지 상각을 통해 이자비용으로 인식해야 합니다. 그러면 만기일까지 매년 이자비용으로 인식해야 할 사채할인발행차금은 각각 얼마일까요? 해답은 시장이자율에 있는데요, 현금으로 지급하는 이자비용(8%)과 사채할인발행차금상각 이자비용의 합이 매년 기초 사채잔액의 10%(시장이자율)가 되도록 사채할인발행차금을 상각하면 됩니다. 아직도 이해가 안 된다면 다음의 사채할인발행차금 상각표가 도움이 될 것입니다.

일자	기초잔액 [a]	현금이자 [b]	할인발행차금 [c]	기말잔액 [a+c]	유효이자율 [(b+c)/a]
20X1.12.31	950,263	80,000	15,026	965,289	10%
20X2.12.31	965,289	80,000	16,529	981,818	10%
20X3.12.31	981,818	80,000	18,182	1,000,000	10%

결국 부채기업은 매년 기초 사채잔액에 대해 시장이자율인 10%만큼을 이자비용으로 인식하게 되며 이 시장이자율을 이 거래의 **유효이자율**이라고 합니다. 매년 말 구체적인 회계처리는 위 상각표를 분개로 옮기기만 하면 됩니다.

20X1년 12월 31일

차변		대변	
이자비용	95,026	현금 및 현금성자산	80,000
		사채할인발행차금	15,026

20X2년 12월 31일

차변		대변	
이자비용	96,529	현금 및 현금성자산	80,000
		사채할인발행차금	16,529

20X3년 12월 31일

차변		대변	
이자비용	98,182	현금 및 현금성자산	80,000
		사채할인발행차금	18,182

차변		대변	
사채	1,000,000	현금 및 현금성자산	1,000,000

그럼 시장이자율이 8%일 때와 6%일 때는 어떻게 될지 짐작이 되죠. 시장이자율이 8%일 때는 명목이자율과 시장이자율이 일치하므로 사채할인발행차금과 같은 계정이 나타날 여지가 없겠죠. 반면, 시장이자율이 6%일 때는 사채할인발행차금과 비슷한 계정이 나타나는데요, 사채의 액면가보다 많은 금액을 빌릴 수 있으므로 발행가액과 액면가의 차액을 사채할증발행차금이라고 부릅니다. 이 사채할증발행차금은 이자비용을 감소시키는 효과가 있어서 회계상의 이자비용이 현금이자비용보다 적게 됩니다.

49 통화는 단일해야 한다
_외화환산회계

기업은 여러 가지 이유로 외화 거래를 합니다. 기업이 수출을 하면 매출대금을 외화로 수취할 수 있고, 수입을 하면 매입대금을 외화로 지급할 수도 있습니다. 그런데 여기서 문제는 재무제표의 보고 통화가 원화라는 것이죠. 하나의 재무제표에 외화와 원화가 섞여 있다면 좀 웃기겠죠? 외화를 원화로 바꾸기 위해서는 서로의 교환비율이 있어야 하는데요, 화폐도 하나의 상품으로 본다면 서로 교환비율이 있을 겁니다. 우리는 흔히 이것을 **환율**이라 하죠. 이렇게 외화를 원화로 표현하는 것을 **외화환산**이라고 합니다. 결국 어떤 시점의 환율을 적용하여 외화를 원화로 환산할 것이냐가 가장 핵심 이슈입니다.

예를 들어볼까요? 국내 원화기업이 미국 외화기업에 자동차 100대를 수출하고 3백만 달러를 받기로 했다고 합시다. 자동차를 수출한 날은 20X0년 10월 1일이며 당시 환율은 1,000원/달러입니다. 원화기업은 거래 발생 시 환율을 적용해 다음과 같이 회계처리합니다.

차변		대변	
매출채권	30억원	매출	30억원

거래 당시의 환율이 가장 이 거래를 잘 표현해주는 환율일 것이므로 별 이견이 없겠죠? 원화기업은 12월말 결산법인이며 이제 20X0년 12월 31일입니다. 그리고 이때의 환율은 1,100원/달러입니다. 여기서 문제가 되는 계정과목이 매출채권인데요, 매출채권을 거래 당시의 환율로 계속 둔다면 원화기업의 재무상태표를 본 사람은 '원화기업은 매출채권이

30억원 있네'라고 생각하겠죠. 그런데 실제로는 원화기업이 12월 31일에 당장 매출채권을 회수한다면 얼마를 받을 수 있을까요? 당연히 12월 31일의 환율로 환산한 33억원일 겁니다. 물론 아직 현금으로 회수한 것은 아니지만 어떻게 더 유용한 정보일까요? 33억원이 더 유용하겠죠. 아니라고 하시는 분이 있으면 성격이 좀 삐뚤어진 분…… 그래서 다음과 같이 회계처리하죠.

차변		대변	
매출채권	3억원	외화환산이익	3억원

이 때 **외화환산이익**은 영업외수익으로 처리합니다. 반대의 경우라면 **외화환산손실**이라 하고 영업외비용으로 처리하죠.

자, 이제 매출대금을 회수할 날인 20X1년 1월 31일이 되었습니다. 이 때 환율은 1,200원/달러입니다. 원화기업은 당연히 회수하는 날의 환율로 외화금액을 환산하여 현금화할 것이므로 현금회수액은 36억원이 되겠네요. 매출채권 인식액은 33억원인데 말이죠. 3억원의 추가 이익이 발생했네요. 이렇게 외화가 실제로 원화로 실현될 때 발생하는 이익을 **외환차익**이라 하고 반대의 경우는 **외환차손**이라 합니다. 외환환산손익과 동일하게 영업외손익으로 처리합니다. 회계처리는 다음과 같겠죠.

차변		대변	
현금 및 현금성자산	36억원	매출채권	33억원
		외환차익	3억원

참고로 외화환산은 화폐성 자산·부채만을 대상으로 하므로 재고자산, 유형자산, 무형자산 등은 외화환산의 대상이 아닙니다.

50 기업의 밑천_자본금

자본은 자기자본이라고도 하며 순자산이라고도 합니다. **자기자본**이라는 용어는 자금 조달의 원천에 따른 표현인데요, 기업은 영업을 위해 당연히 자금조달이 필요합니다. 이때 조달 원천이 주주라면 자기자본이라 하고 주주가 아니라면 타인자본(=부채)이라고 합니다. **순자산**은 자산에서 부채를 차감했다는 의미로 자본은 자산과 부채와 같이 별도의 평가방법 없이 자산에서 부채를 차감하여 인식합니다. 쉽게 말해 자산에서 부채를 뺀 것은 모두 주주, 즉 기업의 소유주 몫이라는 것이죠.

한편, 자본은 발생 원천에 따라 자본금, 자본잉여금, 이익잉여금, 기타포괄손익누계액, 자본조정으로 분류합니다. 기업을 처음 설립하여 운영하려면 밑천이 필요하겠죠. 자기 밑천 없이 남의 돈만 갖다가 장사를 할 순 없을 테니까요. 이렇게 주주가 기업의 자본으로 투자한 주식의 액면가액을 **자본금**이라고 합니다. 보통 주식은 1주당 액면가액(예를 들어 5,000원)이 있는데요, 1주당 액면가액에 발행주식 수를 곱한 것이 자본금입니다. 상법상 등기된 자본금이기 때문에 **법정자본금**이라고도 부릅니다. 이러한 주식은 기업의 주인임을 나타내는 것이기 때문에 여러 가지 권한이 있는데요, 기업의 중요한 의사결정에 참여할 수 있는 의결권과 기업의 이익이나 잔여재산을 배당 또는 배분받을 수 있는 권리가 대표적이라 할 수 있습니다. 기업은 **보통주**만을 발행하는 것이 가장 흔한 경우이지만 일시적인 자금 조달 필요에 따라 이익 배당을 먼저 받을 수 있는 **우선주**를 발행하기도 합니다. 이런 우선주는 이익을 먼저 배당 받기 때문에 뭔가 하나는 불리해야겠죠. 그래서 대개 우선주는 의결권이 제한되는 경우가 대부분입니다. 이외에도 기업이 주식을 상환할 수 있는 또는 상환해야 하는 **상환우선주**, 일정 요건 충족 시 보통주로 전환할 수 있는 **전환우선주** 등이 있습니다.

51 **잉여금**이라고 똑같은 잉여금이 아니다

잉여금은 자산에서 부채를 차감한 순자산에서 법정자본금을 뺀 금액을 말합니다. 잉여금은 그 발생 원천에 따라 증자, 감자, 자기주식거래 등 자본거래에서 발생한 잉여금과 기업의 영업활동 등 손익거래에서 발생한 잉여금으로 구분할 수 있는데요, 전자를 **자본잉여금**, 후자를 **이익잉여금**이라고 합니다. 똑같이 기업의 순자산을 증가시키지만 집안을 구분해 표시함으로써 더 유용한 정보를 줄 수 있는 것이죠.

자본잉여금에는 주식발행초과금, 감자차익, 자기주식처분이익 등이 있습니다. 먼저 기업은 주식을 발행할 때 액면가액을 초과해 발행할 수도 있는데요, 기업에 유입되는 현금, 즉 발행가액이 액면가액보다 높다는 얘기죠. 이 때 액면가액을 초과하는 금액이 **주식발행초과금**입니다. **감자차익**은 기업의 자본을 감소시키는 과정에서 발생하는데요, 가끔 기업은 사업을 축소하거나 불필요한 자금을 주주에게 반환하기도 합니다. 이 때, 자본을 감소시키는 방법은 두 가지가 있는데요, 하나는 실제로 현금을 주주에게 반환하는 경우이고 하나는 현금의 반환 없이 그냥 자본금만 감소시키는 경우입니다. 전자를 **유상감자**, 후자를 **무상감자**라고 하죠. 유상감자의 경우 감소된 자본금보다 현금의 유출이 더 작다면 기업 입장에서는 잉여가 생긴 것이겠죠. 이 때 사용하는 계정과목이 **감자차익**입니다. 한편, 무상감자의 경우에는 자본금을 감소시킨 대신 아무것도 주지 않았으므로 감소시킨 자본금만큼 감자차익이 되겠죠. 그럼 주주 입장에서는 무상감자는 손해일까요? 모든 주주에게 동일한 비율로 감자하였다면 줄어든 자본금만큼 감자차익이 늘어났을 것이므로 자본의 분류가 자본금에서 자본잉여금으로 바뀌었을 뿐 실질적인 차이는 없는 것이죠. 결국 주주의 오른쪽 주머니에서 돈을 빼 왼쪽 주머니에 넣어준 결과가 되었습니다. 기업은 여러 가지 이유로 기업 자신의 주식을 보유하는 경우가 있습니다. 이러한 자기주식을 처분하는 경우 처분가액이 취득가액을 초과하여 이익이 발생하는 경우가 있겠죠. 이때 사용하는 계정과목이 **자기주식처분이익**입니다.

이제 이익잉여금에 대해 알아볼까요? 이익잉여금은 한마디로 손익거래로부터 발생한 최종적 이익, 결국 당기순이익이 되는데 이 당기순이익이 차곡차곡 쌓이는 창고입니다. 이러한 이익잉여금은 주주를 위한 배당의 원천이라고 할 수 있습니다. 여기서 하나 착각하지 말아야 할 것은 이익잉여금만큼 현금이 있다는 얘기는 아닙니다. 이것은 발생주의 회계와 현금주의 회계의 차이로 발생하는 것인데요, 현금주의 회계를 채택했다면 그만큼 현금이 있겠지만 발생주의 회계에서는 일치하지 않는 것이 당연합니다. 이익잉여금은 주주총회의 결의에 따른 처분이라는 절차를 거치는데요, 이 처분 절차에 따라 각각 부르는 이름이 다릅니다. 먼저 **이익준비금**이라는 상법상 **법정적립금**이 있는데요, 기업이 현금배당을 할 경우 자본금의 50%에 달할 때까지 그 배당액의 10% 이상을 적립해둔 것을 말합니다. 다음으로 **임의적립금**이라는 것이 있는데요, 기업은 내부 정책에 따라 이익잉여금을 임의로 적립하는 경우가 있습니다. 그 이름은 기업이 붙이기 나름인데요, 사업확장적립금, 감채적립금 등이 있습니다. 법정적립금과 임의적립금을 제외한 나머지 이익잉여금은 **미처분이익잉여금**이라고 하는데요, 배당은 이렇게 미처분이익잉여금이 있어야만 할 수 있는 것이므로 이것이 배당의 한도라고 할 수 있습니다. 여기서 또 하나 주의할 점은 이러한 처분을 했다고 해서 그만큼 현금을 따로 쌓아둔다는 얘기는 아닙니다. 단지 배당을 위한 미처분이익잉여금을 줄여줌으로써 기업의 현금을 내부에 축척하는 효과가 있을 뿐입니다. 기업이 잘 돼야 주주도 있는 것이니 이 정도는 주주도 이해하겠죠? 한편, 이러한 이익잉여금의 처분 내역을 나타내주는 재무제표가 있는데요, 이를 **이익잉여금처분계산서**라고 합니다.

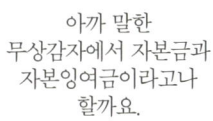

52 어정쩡한 것은 다 모여라!
_자본조정, 기타포괄손익누계액

자본조정은 손익거래가 아닌 자본거래에 해당하나 자본금과 자본잉여금으로 분류할 수 없는 항목들을 모아놓는 계정입니다. 조금 더 부연 설명을 하면 자본조정은 대체로 길지 않은 기간 내에 다른 계정으로 대체되거나 사라질 운명이라고 할 수 있습니다. 또 자본에 가산되는 항목(즉, 대변계정)이 있는 반면 차감되는 항목(즉, 차변계정)이 동시에 모이는 계정이기도 합니다.

하나씩 볼까요? 먼저 가산항목으로는 주식선택권과 출자전환채무가 있습니다. 기업은 임직원에게 기업의 성과를 독려하기 위해 일정 기준 충족 시 그 기업의 주식을 보상으로 받을 수 있는 **주식선택권**을 부여하는 경우가 있는데요, 이 주식선택권은 해당 임직원이 주식선택권을 행사함으로써 주식이 발행되면 자본금으로 대체됩니다. 주식선택권은 당장은 자본금이 아니지만 향후 자본금으로 대체될 계정이므로 일단 자본조정에 둥지를 틀고 자본금으로 갈 날을 기다린다고 할 수 있죠. 그럼 **출자전환채무**는 어떨까요? 출자전환채무는 기업의 채권자(예를 들어 그 기업에 돈을 빌려준 은행)가 채권(기업 입장에서는 채무)을 자본금으로 전환할 것을 약속한 채무를 말합니다. 보통 기업이 워크아웃workout과 같이 좋지 않은 상황에 처했을 때 채권자가 기업의 회생을 돕기 위해 이러한 약속 등을 하는데요, 출자전환채무는 채권자가 자본금 전환을 약속했으니 더 이상 부채 집안에 있기는 쑥스럽고 아직 출자된 것이 아니므로 자본금으로 갈 수도 없네요. 그래서 이렇게 어정쩡한 자본계정은 잠시 자본조정으로 모시도록 하겠습니다.

이제 차감항목을 알아볼까요? 차감항목은 자본잉여금의 반대 성격의 계정이 많은데요, 주식발행초과금은 주식할인발행차금, 감자차익은 감자차손, 자기주식처분이익은 자기주식처분손실과 반대 성격의 계정들입니다. **주식할인발행차금은** 주식 발행 시 액면가에 미달하게 발행한 경우에 발생하는데요, 자본금은 액면가로 기록되어야 하기 때문에 액면가와 발행가액의 차이가 바로 주식할인발행차금입니다. **감자차손**은 유상감자 시 자본금보다 유출된 현금이 더 많은 경우에 발생합니다. 한편, **자기주식처분손실**은 자기주식처분 시 자기주식의 취득가액보다 처분가액이 낮을 경우에 발생하죠.

그럼 이러한 자본조정은 향후 어떻게 처리할까요? 자본조정은 임시계정의 성격이 있다고 하였으니 가만히 두진 않겠죠? 일단 형편이 가장 나은 친척을 찾아가 도와줄 것을 청하죠. 즉, 주식할인발행차금은 주식발행초과금과, 감자차손은 감자차익과, 자기주식처분손실은 자기주식처분이익과 상계를 먼저 합니다. 그런데 도와줄 친척이 없거나 친척의 형편이 그리 넉넉하지 않을 때도 있겠죠. 그래서 상계 후에도 잔액이 남아 있을 수도 있는데요, 기댈 친척도 없으니 믿을 만한 친구를 찾아갑니다. **이익잉여금**에게 찾아가 이익잉여금의 처분항목에 넣어줄 것을 부탁하는 거죠. 마지막으로 자본조정의 차감항목으로 중요한 것이 자기주식인데요, **자기주식**은 말 그대로 기업의 주식을 그 기업이 보유하는 경우입니다. 이 자기주식을 어떻게 볼 것이냐에 대해 견해가 좀 갈릴 수 있는데요, 하나는 유가증권으로 보는 견해, 하나는 자본의 감소로 보는 견해입니다. 유가증권으로 보는 견해는 투자 목적으로 자기주식에 투자했다는 주장이며 자본의 감소라고 보는 견해는 감자가 일어나지는 않았으나 실질적으로 자본금을 회수한 꼴이 되었다는 주장이죠. 결론만 말씀드리면 후자가 더 우세한 견해이며 일반기업회계기준도 후자의 견해를 따라 자본조정으로 처리합니다.

기타포괄손익누계액은 먼저 포괄손익에 대한 이해가 필요합니다. 손익은 기본적으로 손익계산서에 반영하는 것이 원칙인데요, 간혹 손익계산서에 바로 반영되지 않고 재무상태표에 일단 반영되는 손익이 있습니다. 이 두 손익을 합쳐 **포괄손익**이라고 하고 후자를 **기타포괄손익**이라고 하죠. 그리고 이러한 기타포괄손익의 재무상태표 계정이 기타포괄손익누계액입니다.

53 기업은 결손이 발생하기도 한다
_결손금의 처리

순이익이 차곡차곡 쌓인 곳이 이익잉여금이라고 말씀드렸죠? 개인도 살다 보면 좋은 때가 있고 나쁜 때가 있듯이 기업도 항상 이익만 발생하는 것이 아니죠. 순손실이 발생하는 기업도 있기 마련입니다. 그럼 순손실이 차곡차곡 쌓인 곳도 있겠죠? 이를 **결손금**이라고 부릅니다. 즉, 매 회계연도에 발생한 이익 또는 손실의 누적액이 이익이면 이익잉여금이라는 창고가, 손실이면 결손금이라는 창고가 생긴다고 할 수 있습니다. 이익잉여금이 발생하면 좋은 일이니 기업의 미래를 위해 법정(임의)준비금도 적립하고 주주에게 배당도 하죠. 그러나 결손금이 발생하면 우울한 일이니 결손금을 되도록 빨리 없애야겠죠. 이렇게 결손금을 없애주는 것을 **결손금의 처리 또는 보전**이라고 하며 이것을 나타내는 재무제표를 **결손금처리계산서**라고 합니다.

여기서 중요한 것은 결손금을 처리하는 순서인데요, **이익잉여금에서 먼저 처리하고 그 다음에 자본잉여금에서 처리합니다. 이익잉여금도 임의적립금 → 기타법정적립금 → 이익준비금 순으로 처리합니다.** 기업이 잘나갈 때 쌓았던 이익잉여금부터 먼저 매를 맞는 거죠. 그러나 결손금을 처리했다고 해서 순자산의 변동이 있는 것은 아니며 단지 쌓여 있던 이익잉여금과 자본잉여금을 헐어 결손금을 메웠을 뿐이죠. 만약 자본잉여금까지 헐어서 결손금을 처리했는데 아직 결손금이 남아 있을 수도 있습니다. 아주 심각한 상태라고 할 수 있는데요, 이런 경우 남은 것은 자본금이니 자본금을 일부 헐어야겠죠. 이때 무상감자를 하게 되는데요, 이렇게 무상감자를 통해 결손금을 처리해야 되는 상태를 **자본잠식**이라고 합니다. 심지어 자본금 전체를 무상감자해야 하는 경우도 있는데요, 이런 경우를 **완전자본잠식**이라고 합니다. 소위 갈 때까지 간 경우라 할 수 있겠죠.

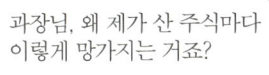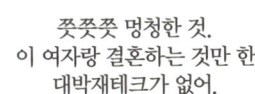

손익계산서는 기업의 경영성과를 나타내는 재무제표라고 했는데요, 그럼 어떻게 하면 기업의 경영성과를 가장 잘 나타낼 수 있을까요? 여러 가지 얘기가 있을 수 있지만 기업의 경영성과에 영향을 미치는 요소를 적절히 잘 구분해서 표시한다면 유용한 정보를 제공할 수 있겠죠? 그래서 일반기업회계기준은 주된 영업활동 여부와 영업활동의 계속성 여부에 따라 경영성과를 매출총손익, 영업손익, 법인세비용차감전계속사업손익, 계속사업손익, 중단사업손익, 당기순손익, 주당손익으로 구분하여 보고하는 것을 원칙으로 합니다.

제4부

손익계산서

54 손익계산서는 어떤 기준으로 만들까?

자, 드디어 손익계산서로 넘어왔습니다. 그런데 사실은 재무상태표의 계정과목을 설명하면서 손익계산서 관련 계정과목에 대해서도 언급을 할 수밖에 없었는데요, 보통 회계거래에는 재무상태표의 등장인물과 손익계산서의 등장인물이 동시에 나오기 때문이죠. 따라서 재무상태표의 등장인물을 설명하기 위해서는 손익계산서의 등장인물을 빼놓고 설명하기가 무척 곤란하죠. 그만큼 재무상태표와 손익계산서는 서로 관련성이 높다고 할 수 있으며 거래의 서로 다른 이면을 갖고 있다고 할 수도 있겠네요. 손익계산서도 재무상태표와 마찬가지로 각 계정과목을 설명하기에 앞서 손익계산서의 작성 기준과 표시 방법에 대해 알아보겠습니다.

손익계산서는 기업의 경영성과를 나타내는 재무제표라고 했는데요, 그럼 어떻게 하면 기업의 경영성과를 가장 잘 나타낼 수 있을까요? 여러 가지 얘기가 있을 수 있지만 기업의 경영성과에 영향을 미치는 요소를 적절히 잘 구분해서 표시한다면 유용한 정보를 제공할 수 있겠죠? 그래서 일반기업회계기준은 주된 영업활동 여부와 영업활동의 계속성 여부에 따라 경영성과를 매출총손익, 영업손익, 법인세비용차감전계속사업손익, 계속사업손익, 중단사업손익, 당기순손익, 주당손익으로 구분하여 보고하는 것을 원칙으로 합니다. 여기서 **손익**은 이익과 손실을 줄여서 표현한 것으로 이익(또는 손실)은 보통 수익에서 비용을 차감한 것을 의미합니다. **매출총손익**은 매출액에서 매출원가를 차감하여 산출합니다. 매출액은 기업의 주된 영업활동에서 발생한 수익을 말하죠. 매출원가는 매출을 위해 직·

간접으로 발생한 비용을 말합니다. 매출총손익에서 판매비와관리비를 차감하면 **영업손익**이 되는데요, 판매비와관리비는 기업의 판매활동과 관리활동에서 발생하는 비용을 말합니다. 매출원가와 판매비와관리비는 모두 영업비용에 해당하지만 매출에 대응되는 비용은 매출원가, 매출에 대응되지 않는 비용은 판매비와관리비가 되는 거죠. 영업손익까지가 기업의 주된 영업활동에서 발생한 경영성과라 할 수 있습니다. 영업손익에서 영업외수익을 더하고 영업외비용을 차감한 것이 **법인세비용차감전계속사업손익**입니다. 여기서 법인세비용차감전사업손익이 아니라 굳이 '계속'이라는 표현을 끼워 넣는데요, 기업을 운영하다 보면 여러 개의 사업 중 어떤 사업은 중간에 포기하거나 매각할 수 있는데 중단된 사업은 향후에 손익을 발생시키지 않을 것이므로 계속적으로 운영될 사업과 구분하기 위해 '계속'이라는 표현을 쓰는 겁니다. 한편, 영업외수익과 영업외비용은 말 그대로 기업의 주된 영업활동이 아닌 부수적인 활동에서 발생한 수익과 비용을 말합니다. 법인세비용차감전계속사업손익에서 계속사업손익법인세비용을 차감하면 **계속사업손익**이 됩니다. 이제 계속사업손익에서 **중단사업손익**을 차감하면 **당기순손익**이 됩니다. 여기서 중단사업손익은 중단사업으로부터 발생한 영업손익과 영업외손익에서 중단사업과 관련된 법인세비용을 차감한 것을 의미합니다. 그런데 중단사업의 발생이 자주 있는 일은 아니겠죠? 그래서 중단사업이 없다면 굳이 없다면 중단사업손익을 표시할 필요는 없을 겁니다. 따라서 중단사업이 없다면 법인세비용차감전계속사업손익은 **법인세비용차감전순손익**으로, 계속사업손익법인세비용은 **법인세비용**으로 표시합니다.

마지막으로 1주당 기업의 손익을 나타내는 **주당손익**이라는 것이 있습니다. 주당손익은 1주당 계속사업손익을 나타내는 **주당계속사업손익**과 1주당 당기순손익을 나타내는 **주당순손익**이 있죠. 당연히 중단사업이 없다면 주당계속사업손익은 계산할 필요가 없겠죠? 이제 머리 속에 전체적인 손익계산서 그림이 그려졌다면 매출액부터 설명해볼까요?

손익계산서

제 7 기 20X1년 1월 1일부터 20X1년 12월 31일까지
제 6 기 20X0년 1월 1일부터 20X0년 12월 31일까지

가원주식회사 (단위 : 천원)

과목	당기		전기	
I. 매출액		209,000,000		182,000,000
1. 상품매출액	75,000,000		67,000,000	
2. 제품매출액	134,000,000		115,000,000	
II. 매출원가		174,970,000		152,400,000
1. 상품매출원가	63,750,000		56,950,000	
2. 제품매출원가	111,220,000		95,450,000	
III. 매출총이익		34,030,000		29,600,000
IV. 판매비와관리비		15,019,000		13,511,000
1. 급여	3,500,000		3,200,000	
2. 퇴직급여	100,000		75,000	
3. 복리후생비	1,300,000		1,100,000	
4. 임차료	3,000,000		2,500,000	
5. 접대비	500,000		300,000	
6. 감가상각비	2,050,000		2,200,000	
7. 무형자산상각비	920,000		920,000	
8. 세금과공과	600,000		500,000	
9. 광고선전비	700,000		600,000	
10. 연구비	170,000		130,000	
11. 경상개발비	450,000		400,000	
12. 대손상각비	9,000		6,000	
13. 보험료	520,000		490,000	
14. 통신비	80,000		70,000	
15. 여비교통비	550,000		500,000	
16. 수도광열비	250,000		220,000	
17. 수선비	320,000		300,000	
V. 영업이익		19,011,000		16,089,000
VI. 영업외수익		2,260,000		2,350,000
1. 이자수익	600,000		550,000	
2. 임대료	300,000		300,000	
3. 외환차익	450,000		500,000	
4. 외화환산이익	510,000		700,000	
5. 지분법이익	400,000		300,000	
VII. 영업외비용		13,450,000		15,375,000
1. 이자비용	6,000,000		7,000,000	
2. 외화차손	1,500,000		1,300,000	
3. 외화환산손실	1,800,000		1,900,000	
4. 유형자산처분손실	50,000		100,000	
5. 기부금	4,100,000		5,075,000	
VIII. 법인세비용차감전계속사업이익		7,821,000		3,064,000
IX. 계속사업이익법인세비용		1,766,000		794,000
X. 계속사업이익		6,055,000		2,270,000
XI. 중단사업손실		-		-
XII. 당기순이익		6,055,000		2,270,000
XIII. 주당이익		1,009원		378원

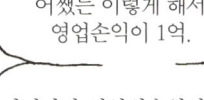

55 손익계산서의 얼굴 마담
_매출액

우리가 기업을 이해한다는 것은 기업의 주된 영업활동 즉, 매출액을 발생시키는 활동을 이해하는 것이라고 해도 과언은 아니죠. 그만큼 매출액이 기업에서 차지하는 비중은 무지무지 중요하다고 할 수 있습니다. **매출액**은 기업의 주된 영업활동에서 발생한 제품, 상품, 용역 등의 총매출액에서 매출할인, 매출환입, 매출에누리 등을 차감한 순액으로 인식하는 것을 원칙으로 합니다. 재고자산을 설명하면서 매입할인, 매입환출, 매입에누리에 대해 말씀드렸죠? 재고자산을 판매한 기업의 입장에서는 이것들이 각각 매출할인, 매출환입, 매출에누리가 되는 거죠. **매출액의 가장 중요한 회계 이슈는 매출액을 언제 얼마에 인식할 것이냐로 요약될 수 있는데요**, 어디서 들어본 것 같지 않습니까? 예, 수익·비용의 인식조건에서 이미 인식을 위한 큰 전제에 대한 설명을 했죠(12장). 매출액이 가장 대표적인 수익이니까 수익의 인식조건이 당연히 적용되겠죠? 물론 주된 영업활동인 매출뿐만 아니라 부수적인 경영활동에서 발생한 수익에 대해서도 수익인식조건은 동일하게 적용되죠. 거래의 빈도수가 수익인식조건이 되진 않으니까요. 따라서 여기서는 매출 인식의 조건을 설명하지만 부수적인 수익의 인식조건에도 동일하게 적용되므로 매출이 아닌 수익이라고 표현하겠습니다.

그럼 수익인식의 조건을 좀 더 구체적으로 보도록 하겠습니다. 먼저 **재화의 판매**입니다.

① 재화의 소유에 따른 효익과 위험이 대부분이 구매자에게 이전될 것
② 판매자는 판매한 재화에 대해 소유권이 있을 때 통상적으로 행사하는 정도의 관리

나 효과적인 통제를 할 수 없을 것

　③ 수익금액을 신뢰성 있게 측정할 수 있을 것

　④ 경제적 효익의 유입가능성이 높을 것

　⑤ 거래와 관련하여 발생했거나 발생할 거래원가와 관련 비용을 신뢰성 있게 측정할 수 있을 것

이렇게 다섯 가지 조건을 모두 만족해야 합니다.

좀 복잡해 보이죠? 하나하나 볼까요? ①, ②, ③, ④의 조건은 수익인식조건 중 '실현되었거나 또는 실현가능한 시점'을 구체화한 것으로 볼 수 있습니다. 재화란 미래에 현금흐름의 창출을 기대할 수 있는 자산이므로 ① 조건에서 효익이란 재화라는 자산으로부터 기대되는 현금흐름을 의미하고 위험이란 이 기대현금흐름의 변동 가능성을 의미하죠. 이 효익과 위험이 판매자에서 구매자로 넘어갔을 때 수익을 인식해야 한다는 거죠. ② 조건도 ① 조건을 다른 측면에서 표현한 조건이라 할 수 있죠. 상식적으로 생각하면 이 두 조건을 만족시키는 시점이 소유권 이전시점이라고 생각할 수 있는데요, 그랬다면 이렇게 복잡하게 조건을 설명하지 않았겠죠? 실제로 소유권의 이전시점과 수익의 인식시점이 일치하지는 않습니다. 다시 말해 소유권의 이전시점이 두 조건을 만족시키지 않는 경우가 있다는 것이겠죠. ③, ④ 조건은 수익을 수치로 인식해야 하기 때문에 측정이 가능하고 실제로 그 금액이 실현될 수 있는지 판단하라는 얘기입니다. ⑤ 조건은 수익의 인식조건 중 '가득과정이 완료될 것'에 해당합니다. 판매할 재화가 완성되지도 않았는데 수익을 인식할 수는 없겠죠? 예를 들어 미리 소유권을 주고 이제 판매할 재화를 만들고 있다면 비용으로 인식할 재화의 금액을 확정할 수 없겠죠. 따라서 수익에 따른 비용을 신뢰성 있게 측정할 수 있어야 하는데 최소한 구매자에게 인도할 정도는 만들어져 있어야 할 겁니다.

수익은 이렇게 다섯 가지 조건을 모두 만족시켜야 하는데 이 시점이 일반적으로 재화의 인도시점에 해당되죠. 만약 재화가 인도되었다 하더라도 어느 조건을 만족시키지 못한다면 그 조건을 만족시키는 시점에 수익을 인식해야 합니다.

56 결정적인 사건을 잡아라!
_재화의 수익인식

재화의 수익인식 시기는 일반적으로 인도기준이지만 거래 성격이나 조건에 따라 인도기준이 아닌 경우도 있죠. 이러한 거래들이 인도기준이 아닌 다른 기준을 적용받는 것은 재화의 다섯 가지 수익인식조건 중 어느 하나를 만족시키지 못했기 때문인데요, 구체적으로 하나씩 보도록 합시다.

먼저 **위탁판매**라는 것이 있습니다. 위탁판매는 기업이 재화를 직접 판매하지 않고 타인에게 위탁하여 판매하는 형태를 말합니다. 이 때 기업을 **위탁자**, 타인을 **수탁자**라 부르는데요, 위탁판매는 위탁자가 수탁자에게 재화를 인도한 날이 아닌 수탁자가 재화를 판매한 날에 수익을 인식합니다. 수탁자에게 재화를 발송했다는 사실만으로는 재화의 효익과 위험이 최종 구매자에게 이전됐다고 말할 수 없으므로 어찌 보면 너무 당연한 얘기입니다. 두 번째, **설치나 검사를 조건하여** 재화를 판매하는 경우가 있습니다. 고가의 기계장치를 상상해보시면 될 것 같은데요, 이런 경우는 구매자에게 재화가 인도되어 설치나 검사가 완료되었을 때 수익을 인식합니다. 이때는 재화의 설치나 검사가 구매자에게 재화의 효익과 위험을 이전시키는 가장 결정적인 사건으로 간주한다는 얘기죠. 세 번째, 구매자에게 **반품권**이 부여된 경우가 있습니다. 이 경우는 두 가지로 나눌 수 있습니다. 만약 과거의 경험 등에 따라 반품금액을 신뢰성 있게 추정할 수 있다면 인도시점에서 수익을 인식하고 반품에 따른 추정 손실액, 즉 추정 반품의 수익과 비용의 차이를 우발부채인 **반품추정부채**로 인식합니다. 회계는 신뢰성만 담보가 된다면 추정을 두려워하지 않는다고 말씀드렸죠? 그러나 반품 가능성이 불확실하여 추정이 어려운 경우에는 수익을 인식하는 것이 부담스럽겠죠? 그래서 이때는 구매자가 재화의 인수를 공식적으로 수락한 시점 또는 재화가 인도된 후 반품기간이 종료된 시점에 수익을 인식하게 됩니다.

또 **상품권**의 판매가 있는데요, 상품권은 재화의 교환을 목적으로 하는 유가증권을 말하죠. 기업 입장에서는 상품권을 발행하면 재화가 인도되기 전에 현금이 먼저 회수되죠. 그러나 아직 재화가 인도되지 않았기 때문에 상품권을 발행하는 시점에서는 수익을 인식할 수 없겠죠. 따라서 상품권을 발행한 시점에서 수취한 현금은 선수금으로 처리하고 나중에 상품권과 교환하여 재화가 인도되는 시점에 수익을 인식하게 됩니다. 현금의 회수가 중요하긴 하지만 단순히 현금의 회수만으로는 수익을 인식할 수 없습니다. 다음은 **부동산**의 판매입니다. 부동산의 판매는 법적소유권이 구매자에게 이전되는 시점에 인식하는 것이 일반적입니다. 회계는 거래의 형식보다 실질을 좋아한다고 말씀드렸죠? 따라서 수익인식조건으로 법적소유권의 이전시점은 좀 뜬금없는 소리로 들릴 수도 있는데요, 부동산은 동산과 달리 등기라는 제도가 있으므로 그만큼 법적소유권의 이전이 수익인식의 중요한 사건이라고 할 수 있기 때문입니다. 다만 법적소유권 이전이라도 소유에 따른 효익과 위험이 구매자에게 실질적으로 이전되었다면 수익을 인식할 수 있으며 법적소유권 이후라도 소유에 따른 효익과 위험이 이전되지 않았다면 수익인식을 연기할 수 있습니다. 마지막으로 **할부판매**인데요, 말 그대로 대금 회수를 나누어서 한다는 얘기죠. 여러 가지 이론이 있을 수 있지만 기본적으로 대금의 회수 방식은 수익인식시점을 결정하는 요인은 아니죠. 따라서 할부판매는 재화를 인도하는 시점에 수익을 인식합니다. 다만 **장기할부판매**라면 수익으로 인식할 금액은 장기수취채권에서 설명한 할부금의 현재가치이며 총할부금과 현재가치의 차이는 이자수익으로 기간의 경과에 따라 인식해야 합니다.

지금까지 재화의 판매 조건에 따라 조금씩 달라지는 수익인식의 조건들을 살펴보았는데요, 사실은 재화 판매의 다섯 가지 수익인식조건을 만족시키는 시점을 찾는 과정이라는 점에서 공통점을 갖고 있습니다.

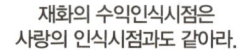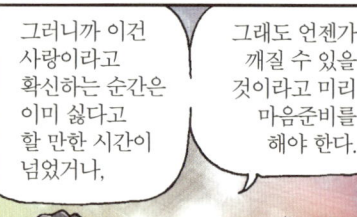

57 진행하는 대로 인식해!
_용역의 수익인식

기술, 운송, 의료, 법률, 회계, 컨설팅 등 용역제공 거래는 생산과 동시에 고객에게 제공되므로 재화 판매거래와는 달리 소유에 따른 효익과 위험의 이전 여부를 고려할 필요가 없죠. 따라서 **용역제공의 수익인식**은 재화의 판매와는 다른데요,

> ① 거래 전체의 수익금액을 신뢰성 있게 측정할 수 있을 것
> ② 경제적 효익의 유입 가능성이 매우 높을 것
> ③ 진행률을 신뢰성 있게 측정할 수 있을 것
> ④ 이미 발생한 원가 및 거래의 완료를 위하여 투입하여야 할 원가를 신뢰성 있게 측정할 수 있을 것

이렇게 네 가지 조건을 만족시킨다면 진행기준으로 인식합니다. **진행기준**은 용역의 진행에 따라 수익을 인식하는 것을 말하죠. 사실 수익은 수익 가득과정 전체에 걸쳐 발생하는 것이죠. 따라서 수익 가득과정에 걸쳐 수익을 인식하는 것이 발생주의 회계에 가장 부합하는 수익인식 방법일 겁니다. 재화의 수익인식시점은 인도기준이지만 실은 재화를 생산하는 시점부터 판매로 인한 대금을 회수하는 과정이 수익의 가득과정이라 할 수 있습니다. 그러나 재화는 판매되기 전까지는 아직 판매금액이나 고객이 정해져 있지 않기 때문에 수익을 인식하기 위한 불확실한 요소가 너무 많이 존재합니다. 따라서 가장 결정적인 사건을 정해 수익을 인식하게 되는 겁니다.

반면 용역제공 거래는 수익금액과 고객이 이미 정해져 있기 때문에 용역의 진행 정도를 합리적으로 측정할 수 있다면 진행기준에 따라 수익을 인식하는 것이 더 유용한 정보를 제공할 수 있습니다. 진행기준으로 수익을 인식하기 위해서는 진행의 정도를 파악할 수 있는 잣대가 필요한데요, 이 잣대를 흔히 **진행률**이라 부릅니다. 진행률은 다양한 방법으로 결정될 수 있는데요, 용역의 진행 정도를 가장 신뢰성 있게 측정할 수 있는 방법이라면 어떤 방법이라도 상관은 없습니다. 예를 들어 용역제공시간이 가장 적합한 방법이라면 진행률은 (용역제공시간÷총예상 용역제공시간)으로 계산됩니다. 이 때 총예상 용역제공시간은 추정을 필요로 하겠죠? 여기서 **총예상 용역제공시간**은 누적 실제 용역제공시간과 향후 예상 용역제공시간의 합으로 계산됩니다. 향후 예상 용역제공시간은 시간이 지나감에 따라 상황 등의 변경으로 처음 추정했을 때와 다르게 추정될 수 도 있겠죠? 어떻게 해야 할까요? 일단 결정한 것이니 그냥 갈까요? 아닙니다. 추정을 위한 변수들이 변경되었다면 최선을 다해 가장 신뢰할 수 있는 총예상 용역제공시간으로 수정해야 합니다. 자 이제 결산기가 돌아오면 수익을 인식해야 되는데요, 다음과 같이 계산합니다.

$$\text{당기 수익금액} = \text{당기 누적수익금액} - \text{전기 누적수익금액}$$
$$= \text{총수익금액} \times \frac{\text{누적 용역제공시간}}{\text{총예상 용역제공시간}} - \text{전기 누적수익금액}$$

당기 수익금액은 총수익금액에 당기 진행률을 곱하여 산출할 수도 있지만 이렇게 당기 누적 수익금액에서 전기 누적수익금액을 차감해서 구하는 이유는 총예상 용역제공시간이 변경되었다면 그 효과를 당기 수익금액에 반영해야 하기 때문입니다.

재화나 용역 수익인식기준 이외에 이자수익, 배당금수익, 로열티수익 인식기준이 있는데요, **이자수익**은 원칙적으로 유효이자율을 적용하여 발생기준에 따라, **배당금수익**은 배당금을 받을 권리와 금액이 확정되는 시점에, **로열티수익**은 관련된 계약의 경제적 실질을 반영하여 발생기준에 따라 인식합니다.

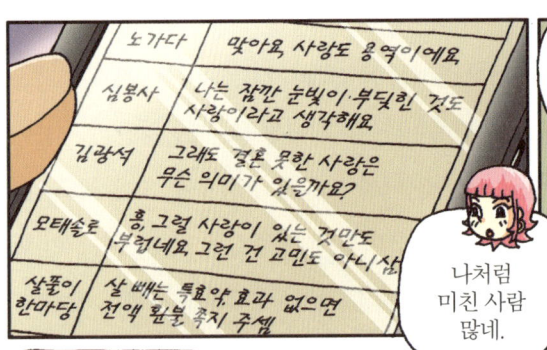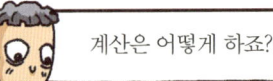

58 매출액의 단짝 _매출원가

매출원가는 수익·비용대응의 원칙에 따라 매출액에 대응되는 비용으로 판매된 상품이나 제품에 대한 매입원가 및 제조원가를 말합니다. 상품 매출원가에 대해서는 재고자산을 설명하면서 기초재고액에 당기 매입액을 더하고 기말재고액을 빼서 산출한다고 했죠. 제품의 매출원가도 동일한 방식을 따르지만 제조과정을 거치기 때문에 당기 매입액이 당기 제품제조원가로 명칭이 바뀔 뿐이죠. 이 당기 제품제조원가의 산출하는 과정을 일목요연하게 보여주는 재무제표가 **제조원가명세서**인데요, 어디 한번 볼까요?

〈제조원가명세서〉

과목	금액	
1. 원재료비 [1)+2)-3)]		1,100,000
1) 기초원재료재고액	300,000	
2) 당기원재료매입액	1,000,000	
3) 기말원재료재고액	200,000	
2. 노무비		500,000
3. 경비		400,000
4. 당기총제조원가 [1+2+3]		2,000,000
5. 기초재공품원가		500,000
6. 합계 [4+5]		2,500,000
7. 기말재공품원가		300,000
8. 당기제품제조원가 [6-7]		2,200,000

제품을 제조하기 위해서는 제품의 기본이 되는 원재료, 제품을 만드는 인력, 부수적인 비용이 필요하기 마련이죠. 이것들을 각각 원재료비, 노무비, 경비라고 합니다. 당기 제품 제조원가를 구하기 위해서는 일단 당기에 투입된 총제조원가를 알아야겠죠? 그런데 노무비와 경비는 발생 즉시 그냥 당기총제조원가를 구성하지만 원재료비는 당기 제조활동에 사용되지 않고 남아 있는 것이 있겠죠? 그래서 기초원재료재고액과 당기원재료매입액의 합계액에서 기말원재료재고액을 차감하여 당기에 투입된 원재료비를 산출합니다. 어디서 본 것 같죠? 상품의 매출원가를 산출하는 방식과 똑같네요. 따라서 당기에 투입된 원재료비를 산출하기 위해서도 상품의 매출원가 결정을 위해 필요했던 단가(평균법, 선입선출법, 후입선출법)와 수량(실지재고조사법, 계속기록법) 결정의 가정들이 필요합니다.

노무비는 제조활동에 종사한 인원의 급여, 상여, 퇴직급여 등으로 구성되고 경비는 원재료비와 노무비를 제외한 제조활동에서 발생한 비용을 말합니다. 노무비와 경비는 다음에 설명할 판매비와관리비의 계정과목과 많은 부분이 겹치는데요, 똑같은 성격의 비용이라도 제조활동에서 발생하였다면 제조원가로, 판매와 관리 활동에서 발생하였다면 판매비와관리비로 구분하게 됩니다. 똑같은 급여라 하더라도 누구에게 줬느냐에 따라 급여의 운명이 갈리는 거죠. 제조라인에서 일하는 직원에게 줬다면 제조원가의 노무비로, 영업직원에게 줬다면 판매비와관리비로 각각 구분해야 합니다.

이제 당기에 투입된 원재료비, 노무비, 경비를 합해 당기 총제조원가를 구했다면 여기에 전기에 완성하지 못한 재공품, 즉 기초재공품원가를 더하고 당기에 완성하지 못한 기말재공품원가를 빼면 바로 당기제품제조원가가 산출되는 거죠. 여기서 기말재공품원가와 당기제품제조원가를 나누는 작업을 원가계산이라고 합니다.

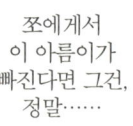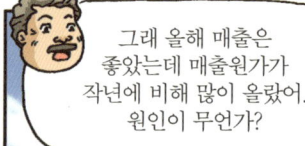

59 판매와 관리에도 비용은 발생하죠
_판매비와관리비

판매비와관리비는 상품, 제품, 용역 등의 판매활동과 기업의 관리활동에서 발생하는 비용으로 매출원가(혹은 제조원가)에 속하지 않는 모든 영업비용을 포함합니다. 따라서 똑같은 성격의 비용이라도 제조활동에서 발생한 비용이라면 판매비와관리비에 속하지 않고 제조원가에 포함되어야 합니다. 제조원가와 판매비와관리비는 비용의 성격에 따라 적절한 계정과목으로 구분하여 표시하는데요, 통상적으로 비용의 성격에 따라 다음과 같이 구분합니다.

- **급여**는 임직원에게 지급되는 급료, 임금, 각종 수당, 상여금을 처리하는 계정으로 기업은 통상 내부관리 목적을 위해 인별로 각 항목을 구분한 장부를 가지고 있지만 손익계산서에 표시할 때는 급여라는 통일된 명칭을 사용합니다.
- **퇴직급여**는 임직원에 대한 퇴직급여충당부채전입액을 처리하는 계정으로 명예퇴직 등으로 예상하지 않은 퇴직금을 지급할 때에도 사용할 수 있습니다.
- **복리후생비**는 임직원의 복리와 후생을 위해 지출되는 비용으로 4대 보험료, 건강진단비, 경조사비 등을 처리하는 계정입니다.
- **임차료**는 토지, 건물 등 부동산이나 기계장치, 차량운반구 등 동산을 타인으로부터 임차하고 그 소유주에게 지급하는 비용을 말합니다.
- **접대비**는 업무와 관련하여 거래처 또는 업무와 관련 있는 자에게 접대, 향응, 위안 등 접대 행위로 인해 지출하는 비용입니다. 한편 업무와 관련 없는 자에게 어떤 대가 없이

그냥 주었다면 말 그대로 기부금이 되고 영업외비용으로 분류됩니다.

- **감가상각비**와 **무형자산상각비**는 각각 유형자산과 무형자산의 취득원가를 내용연수에 따라 원가 배분한 비용입니다.
- **세금과공과**는 중앙정부 및 지방자치단체에 납부하는 각종 세금과 상공회의소 및 관련 조합 등에 납부하는 회비와 조합비를 처리하는 계정으로 법인세와 법인세에 부가되는 주민세는 제외됩니다.
- **광고선전비**는 기업이 기업의 이미지나 상품, 제품 등을 광고하기 위해 지출하는 비용을 말합니다.
- **연구비**는 기업의 R&D 투자 중 연구단계 또는 연구활동에서 발생하는 지출을 처리하는 계정입니다.
- **경상개발비**는 기업의 R&D 투자 중 개발단계에서 개발비의 요건을 갖추지 못한 지출을 처리하는 계정입니다.
- **대손상각비**는 일반적인 상거래에서 발생한 매출채권에 대한 대손추정액으로 기타수취채권에서 발생한 대손추정액은 영업외비용 중 기타의대손상각비로 처리합니다.
- **보험료**는 건물, 기계장치, 차량운반구 등에 대한 손해보험 및 재고자산에 대한 화재보험 등의 가입으로 인해 지출하는 비용입니다. 물론 제조활동과 관련된 자산의 보험료는 제조원가로, 판매 및 관리 활동과 관련된 자산의 보험료는 판매비와관리비로 분류해야겠죠.
- **통신비**는 전화, 전신료, 우편료 등과 전신·전화장치 등을 유지하기 위해 지출하는 비용입니다.
- **여비교통비**는 임직원의 장·단거리 국내외 출장과 관련하여 지출하는 제비용을 말합니다.
- **수도광열비**는 수도료, 전력료, 가스대 등에 소요되는 비용을 말합니다.
- **수선비**는 유형자산의 원상회복을 위해서나 성능유지를 위해 지출하는 비용입니다.

60. 비록 주류는 아니지만(1) _영업외수익

기업의 수익은 주된 영업활동에서 창출되는 **영업수익**, 즉 매출과 부수적인 영업활동에서 발생하는 **영업외수익**으로 구분되죠. 즉, 매출액이 아닌 수익이 모두 모이는 곳인데요, 다음과 같은 항목들이 있습니다. 재무제표는 서로 연관성이 있어서 앞서 재무상태표의 계정들을 설명하면서 불쑥 튀어나온 계정들이 많으니 복습의 의미도 있겠네요.

- **이자수익**은 기업이 타인에 대한 여유자금의 대여 및 국채, 공채, 지방채, 사채 등 채권 투자 등에서 발생하는 이자수입액을 의미합니다. 그런데 이것은 제조업과 같이 금융업을 제외한 기업에 국한된 얘기이며 은행 등 금융업을 영위하는 기업에게는 영업외수익이 아닌 영업수익이 되겠죠.

- **배당금수익**은 타 기업에 대한 지분(주식 또는 출자금)투자에 따른 현금배당수입을 처리하는 계정입니다. 기업은 현금 대신 가끔 주식을 배당으로 지급하기도 하는데요, 이를 **주식배당**이라고 하죠. 그런데 이 주식배당은 주식 수가 단지 늘어났을 뿐 경제적 실질은 무상증자와 동일하기 때문에 배당금수익으로 인식하지 않습니다. 물론 배당금수익은 금융업을 제외한 기업만이 영업외수익으로 분류합니다.

- **임대료**는 기업 소유의 자산을 타인에게 임대하고 받은 대가를 처리하는 계정으로 기업의 주 영업 목적이 임대업이라면 그 때는 매출액으로 처리해야 합니다.

- **단기매매증권처분이익**은 단기매매증권 처분 시 처분가액이 장부가액보다 클 경우 그 차익을 처리하는 계정입니다.

- **단기매매증권평가이익**은 단기매매증권을 결산시점에서 평가할 때 그 평가액이 취득가액보다 클 경우 그 평가이익을 처리하는 계정입니다.
- **외환차익**은 외화자산을 회수(외화부채를 상환)할 경우 외화자산(외화부채)의 장부상의 금액과 회수(상환) 시의 환율로 환산한 금액과의 차이로 인해 발생하는 이익을 처리하는 계정으로 장부상 금액에 적용된 환율보다 외화자산의 회수 시에는 환율이 상승한 경우, 외화부채의 상환 시에는 환율이 하락한 경우 이익이 발생하죠.
- **외환환산이익**은 결산시점에서 외화자산이나 외화부채를 결산시점의 환율로 평가함에 따라 발생하는 이익을 처리하는 계정입니다.
- **지분법이익**은 결산시점에서 지분법적용투자주식을 지분법에 따라 평가함에 따라 발생한 이익으로 피투자회사의 당기순이익에 지분율을 곱하여 계산합니다.
- **유형자산처분이익**은 유형자산 처분 시 처분가액이 장부가액보다 클 경우 그 차익을 처리하는 계정입니다.
- **전기오류수정이익**은 전기 또는 그 이전 기간에 발생한 중대하지 않은 회계오류 중 순이익을 과소 계상한 오류를 처리하는 계정입니다. 참고로 만약에 중대한 오류라면 그 오류는 영업외수익으로 분류하지 않고 전기 재무제표를 수정해야 하죠.
- **자산수증이익**은 타인으로부터 대가 없이 증여받은 자산을 처리하는 계정입니다.
- **채무면제이익**은 대개 기업이 재무적 어려움에 처했을 경우 타인에게 지급해야 할 기업의 부채를 면제받을 경우가 발생할 수 있는데요, 이 때 면제받은 금액을 처리하는 계정입니다.
- **보험차익**은 재해 발생으로 인해 보험회사로부터 보험금을 수령한 경우 수령한 보험금이 손상된 자산의 장부가액보다 클 경우 동 차익을 처리하는 계정입니다.
- **잡이익**은 영업외수익 중 독립된 계정으로 처리하기에는 금액적 중요성이 매우 작은 항목들을 처리하는 계정입니다.

61 비록 주류는 아니지만(2)
_영업외비용

영업외비용은 주된 영업활동과는 무관하게 발생한 비용으로 많은 부분이 영업외수익의 반대 결과로 발생합니다. 영업외수익의 계정과목을 이해했다면 바로 이해가 된다는 얘기죠. 다음과 같은 항목들이 있네요.

- **이자비용**은 기업이 외부로부터 조달한 자금, 즉 사채 발행 및 장·단기차입금의 차입으로 인해 발생하는 이자지급액입니다. 물론 이자수익과 같은 논리로 금융업은 영업외비용이 아닌 영업비용이 되겠죠.
- **기타의대손상각비**는 매출채권이 아닌 기타의 수취채권에 대한 대손추정액입니다. 기타의 수취채권이 주된 영업활동과 관련 없이 발생한 채권이기 때문에 영업외비용으로 분류된다고 보면 되겠죠.
- **단기매매증권처분손실**은 단기매매증권 처분 시 처분가액이 장부가액보다 작을 경우 그 차손을 처리하는 계정입니다.
- **단기매매증권평가손실**은 단기매매증권을 결산시점에서 평가할 때 그 평가액이 취득가액보다 작을 경우 그 평가손실을 처리하는 계정입니다.
- **외환차손**은 외화자산을 회수(외화부채를 상환)할 경우 외화자산(외화부채)의 장부상의 금액과 회수(상환) 시의 환율로 환산한 금액과의 차이로 인해 발생하는 손실을 처리하는 계정으로, 외화차익과는 반대로 장부상 금액에 적용된 환율보다 외화자산의 회수 시에는 환율이 하락한 경우, 외화부채의 상환 시에는 환율이 상승한 경우 손실이 발생하죠.

- **외환환산손실**은 결산시점에서 외화자산이나 외화부채를 결산시점의 환율로 평가함에 따라 발생하는 손실을 처리하는 계정입니다.
- **재고자산감모손실**은 기업이 실지로 재고조사를 한 결과 재고자산의 파손, 분실, 증발 등으로 인해 재고자산의 수량이 부족한 경우 이를 처리하는 계정입니다. 다만, 재고자산감모가 일시적이고 우발적일 경우에 영업외비용으로 분류하며 재고자산감모가 기업의 제조활동 중 정상적으로 발생하는 것이라면 매출원가(또는 제조원가)로 분류해야 합니다.
- **지분법손실**은 결산시점에서 지분법적용투자주식을 지분법에 따라 평가함에 따라 발생한 손실로 피투자회사의 당기순손실에 지분율을 곱하여 계산합니다.
- **유형자산처분손실**은 유형자산 처분 시 처분가액이 장부가액보다 적을 경우 그 차익을 처리하는 계정입니다.
- **전기오류수정손실**은 전기 또는 그 이전 기간에 발생한 중대하지 않은 회계오류 중 순이익을 과대 계상한 오류를 처리하는 계정입니다. 전기오류수정이익과 마찬가지로 중대한 오류라면 전기의 재무제표를 수정해야 합니다.
- **기부금**은 기업의 업무와 무관하게 타인에게 대가없이 자산을 증여하는 경우 동 금액을 처리하는 계정입니다.
- **보험차손**은 재해 발생으로 인해 보험회사로부터 보험금을 수령한 경우 수령한 보험금이 손상된 자산의 장부가액보다 작을 경우 동 차손을 처리하는 계정입니다.
- **잡손실**은 영업외비용 중 독립된 계정으로 처리하기에는 금액적 중요성이 매우 작은 항목들을 처리하는 계정입니다.

62 **법인세비용**과 납부할 법인세는 다르다?!

이익이 있는 곳에 세금이 있다는 말이 있죠. 기업도 영업활동으로 인해 이익이 발생하였다면 당연히 세금을 내야겠죠. 이것이 **법인세**로, 현행 법인세율은 과세표준이 2억 이하는 10%, 2억 초과 금액에 대해서는 22%를 적용하죠(여기에 10%의 주민세가 붙습니다). 그런데 어느 기업의 손익계산서를 보더라도 법인세비용차감전순이익에 법인세율을 곱한 금액과 실제 법인세비용이 일치하지 않습니다. 높을 수도 있고 낮을 수도 있죠. 이런 결과가 발생하는 근본 원인은 기업의 재무제표를 만들기 위해 적용되는 재무회계와 세금을 걷기 위해 적용되는 세무회계가 동일한 거래에 대해 서로 다른 규정을 정하고 있기 때문인데요, 재무회계에서 중요한 것은 이렇게 다르게 규정한 것이 영원한 것이냐 아니면 일시적인 것이냐입니다. 전자를 소위 **영구적 차이**, 후자를 **일시적 차이**라고 하죠. 예를 들도록 하겠습니다.

판매비와관리비 중 접대비라는 것이 있었죠. 기업이 접대비를 무한정 쓴다면 세법이 모두 비용으로 인정해줄까요? 세법은 접대비는 좀 자제해야 할 비용으로 생각하고 비용으로 인정해주는 한도가 있습니다. 따라서 세법의 한도를 넘는 접대비는 비용으로 인정받지 못하기 때문에 반대로 얘기하면 법인세를 내야 하는 것이죠. 그럼 한도를 넘어선 접대비를 차기에 비용으로 인정해줄 것이냐? 그렇지 않습니다. 그걸로 끝인 거죠. 이런 걸 영구적 차이라고 하죠. 일시적 차이의 예를 들어볼까요? 어떤 기업이 기계장치에 대해 5년의 내용연수를 적용하여 감가상각비를 인식하였습니다. 그런데 세법에서 정한 기계장치의 내용연수가 10년이라면 이 기업은 세법보다 딱 2배 많이 감가상각비를 비용으로 인식한 것이 되겠죠. 그럼 세법은 기업이 인식한 감가상각비의 반을 비용으로 인정하지 않죠. 그런데 이 감가상각비는 기업의 영업활동에 꼭 필요한 유형자산의 취득으로부터 발생한 것이니 영원히 인정해주지 않는다면 적극적으로 투자할 기업이 어디 있겠습니까? 그래서 지금 당장 인정해주지 않지만 차기 이후에 비용으로 인정해줍니다. 이렇게 당기에는 비용으로 인정해주지 않지만 차기 이후에 비용으로 인정받을 수 있는 차이를 일시적 차이라고 하죠. 이런 경우는 나중에 비용을 인정받기 때문에 향후에 법인세를 덜 내겠죠? 그래서 이 차이를 일시적 차이 중에서도 향후에 법인세를 덜 내게 하는 차이이므로 **차감할 일시적 차이**라 합니다. 반대로 법인세를 향후에 더 내게 하는 일시적 차이도 있는데요, 이 차이는 **가산할 일시적 차이**라고 하죠.

예제를 들어볼까요? 이연기업의 최초 사업연도의 법인세비용차감전순이익은 1억원, 법인세법상 접대비 한도 초과액은 1천만원, 감가상각비 중 비용으로 인정받지 못한 금액 2천만원, 법인세율(주민세율 포함)은 20%라고 할 때 납부할 법인세와 분개를 산출해보도록 하겠습니다.

〈법인세 계산〉

법인세비용차감전순이익		100,000,000	
접대비 한도초과액	(+)	10,000,000	영구적 차이
감가상각비 한도초과액	(+)	20,000,000	차감할 일시적 차이
과세표준		130,000,000	
법인세율		20%	
납부할 법인세		26,000,000	

〈분개〉

차변		대변	
법인세비용	22,000,000	당기법인세부채	26,000,000
이연법인세자산	4,000,000		

분개의 의미를 해석해볼까요? 당기법인세부채는 세무당국에 실제 납부할 법인세에 해당하죠. 그런데 당기법인세부채가 바로 법인세비용이 되지 않고 이연법인세자산이라는 것이 차변에 생겼죠? 이 이연법세자산 4백만원은 감가상각비 한도초과액에 법인세율을 곱한 금액(20,000,000×20%)으로 차감할 일시적 차이로 인해 발생한 것이죠. 결국 차감할 일시적 차이가 실제 납부할 법인세보다 법인세비용을 감소시킨 결과를 초래했는데요, 이것은 이 차감할 일시적 차이가 차기 이후에 납부할 법인세를 감소시킬 것이므로 자산의 인식요건을 충족했기 때문입니다. 물론 가산할 일시적 차이는 차기 이후 납부할 법인세를 증가시킬 것이므로 부채(이연법인세부채)로 인식해야 합니다.

63 1주당 이익은 얼마? _주당이익

주당이익 Earning per Share, EPS 은 기업의 1주당 이익을 나타내는 지표로 대개 당기순이익을 유통 중인 보통주식수로 나누어 산출한 주당순이익을 의미하죠. **주당순이익**은 보통주 1주에 대한 순이익을 나타내므로 규모가 서로 다른 기업 간의 수익력을 비교할 때에 유용한 지표가 되며 주주는 주당순이익에 보유한 주식수를 곱하여 자신에게 귀속될 순이익을 계산할 수 있죠. 따라서 주주 입장에서는 주당순이익이 당기순이익보다 더 유용한 정보라 할 수 있습니다. 그리고 주가를 주당순이익으로 나눈 지표를 **주가수익비율** Price Earning Ratio, PER 이라고 하는데요, 이 비율은 주가가 그 기업의 주당순이익의 몇 배로 평가되고 있는지를 나타냅니다. 주가수익비율은 투자자에게 매우 유용한 정보인데요, 동종 업종을 영위하는 기업들 중 어느 기업이 타 기업에 비해 주가수익비율이 높으면 그 기업의 주가가 고평가되어 있다는 것을 의미하고 낮으면 주가가 저평가되어 있다는 것을 의미하기 때문이죠. 따라서 주식수익비율 분석을 통해 투자자는 고평가된 기업의 주식은 매각하고 저평가된 기업의 주식은 매입하는 의사결정을 할 수 있습니다.

그럼 실제로 주당이익을 계산해볼까요? 먼저 주당이익은 기본주당순이익과 희석주당순이익으로 구분됩니다. **기본주당순이익**은 희석주당순이익과 구별하기 위해 '기본'이라는 표현을 썼는데요, 보통주에 귀속될 당기순이익을 유통보통주식수로 나누어 산출하죠. 이 때 **보통주 귀속 당기순이익**은 당기순이익에서 우선주 등에 대한 배당액을 차감한 당기순이익을 말하고 **유통보통주식수**는 기업 바깥에서 유통되고 있는 주식 수를 의미하므로 기업이 보유하고 있는 자기주식을 제외합니다. 또 기중에 유상증자 등으로 주식 수가 변동되었다면 유상증자한 날짜를 고려하여 가중평균한 유통보통주식 수를 산출합니다. 그런데 여기서 주의해야 할 사항이 하나 있는데요, 무상증자나 주식배당과 같이 실제로 주식대금의 납입이 없이 주식 수가 증가한 경우에는 무상증자나 주식배당을 결정한 날짜와 상관없이 기초에 증가한 것으로 본다는 것입니다.

예를 들어 보겠습니다. 주당기업의 당기순이익 및 보통주식 수 변동내역이 다음과 같다면 주당순이익은 얼마일까요?

[주식 수]	1월 1일	보통주 1,000주(액면 5,000원), 우선주 200주(액면 5,000원)
	6월 1일	보통주에 대해 30% 유상증자 실시
	10월 1일	보통주에 대해 10% 무상증자 실시
[당기순이익]		3,000,000원이며 우선주에 대해 5%의 우선 배당 실시

먼저 보통주에 귀속될 당기순이익은 당기순이익 3,000,000원에서 우선주 배당액 50,000원(=200주×액면 5,000원×배당률 5%)을 차감한 2,950,000원으로 계산됩니다. 그럼 유통보통주식 수는 얼마일까요? 10월 1일에 무상증자는 1월 1일에 실시한 것으로 간주하므로 1월 1일의 유통보통주식 수는 1,000주에 무상증자로 인한 주식 수 증가분 100주를 더해 1,100주가 됩니다. 한편 6월 1일에 30%의 유상증자를 실시하였으므로 6월 1일의 유통보통주식 수는 1,430주[=1,100주×(1+30%)]가 됩니다. 따라서 가중평균한 유통보통주식 수는 1,293주[=(1,100주×5개월+1,430주×7개월)÷12개월]입니다. 결국 기본주당순이익은 2,282원(=2,950,000원÷1,293주)이 되죠.

희석주당순이익은 기업이 전환사채, 전환우선주, 주식매수선택권 등 보통주로 전환이 가능한 증권을 발행한 경우 이 증권이 보통주로 전환되었다고 가정할 경우의 주당순이익을 의미합니다. 여기서 희석이라는 것은 이러한 증권의 전환으로 대개 보통주가 증가하게 되면 주당순이익은 감소하기 때문에 붙여진 것이죠. 결국 희석주당순이익은 이러한 증권의 전환으로 기본주당순이익이 감소할 수 있음을 알려주는 정보라 할 수 있습니다.

현금흐름표는 일정 기간 동안 기업의 현금유입과 유출에 대한 정보를 제공하는 무지무지 중요한 재무제표입니다. 이때 현금흐름을 영업현금흐름, 투자현금흐름, 재무현금흐름으로 구분하여 표시합니다.

재무제표를 분석하는 방법은 여러 가지가 있지만 가장 효과적이고 효율적인 방법은 기업의 전반적인 재무상태와 경영성과를 먼저 이해하고 그 결과를 바탕으로 각 계정과목을 분석하는 것이죠. 이때 기업의 전반적인 재무상태와 경영성과를 이해하는 데 주요 경영지표가 이용됩니다.

제5부

현금흐름표 & 경영지표

64 현금흐름에도 족보가 있다
_현금흐름표

현금흐름표는 일정 기간 동안 기업의 현금유입과 유출에 대한 정보를 제공하는 무지무지 중요한 재무제표라고 말씀드렸죠? 그리고 현금흐름을 영업현금흐름, 투자현금흐름, 재무현금흐름으로 구분하여 표시한다는 것도 설명했습니다. **영업현금흐름**은 기업의 영업활동으로부터 발생한 현금의 유출입을 나타내는데요, 좀 더 엄밀히 말하면 이자수익, 배당금수익, 이자비용 등 영업외손익 항목이 포함되기 때문에 투자현금흐름과 재무현금흐름을 제외한 모든 현금흐름이라고 하는 것이 더 정확한 표현이죠. 영업현금흐름을 표시하는 방법에는 직접법과 간접법이 있습니다. **직접법**은 말 그대로 에둘러 표현하지 않고 직접 영업현금흐름을 표현하는 것을 말하는데요, 현금유입액은 원천별로 현금유출액은 용도별로 분류하여 직접 표시합니다. 예를 들어 현금유입액은 매출활동으로 인한 유입액, 이자수익유입액, 배당금수익유입액 등으로, 현금유출액은 매입활동으로 인한 유출액, 이자비용유출액, 법인세의 지급 등으로 분류하여 각각 유입 또는 유출된 현금흐름을 표현하는 거죠. 현금유입액과 유출액을 원천별과 용도별로 표시하니 정보이용자 입장에서는 친절한 정보를 제공받는 것이 됩니다. 그러나 기업이 직접법으로 영업현금흐름을 제공하는 데는 실무적으로 어려움이 있는데요, 이유는 기업이 발생주의에 따라 회계처리하므로 현금이 회계처리의 기준이 아니기 때문이며 설령 현금주의에 따라 회계처리하더라도 현금에는 꼬리표가 없으므로 현금유입액과 유출액을 원천별과 용도별로 관리하는 것에 매우 비용이 많이 들기 때문이죠. 그래서 직접법의 장점을 다 누리지 못하는 단점이 있지만 산출하기에 편한 간접법이라는 방식을 주로 택하게 됩니다.

간접법은 당기순손익에 현금의 유출이 없는 비용을 가산하고 현금의 유입이 없는 수익을 차감하고 영업활동으로 인한 자산·부채의 변동을 가감하여 영업현금흐름을 표현하는 방법입니다. 이 방법은 발생주의에 따라 산출된 당기순손익만큼 현금이 유입 또는 유출되었다고 일단 가정하죠. 그리고 실제 현금유입액과 유출액의 차이를 조정해나갑니다. 먼저 현금의 유출이 없는 비용인데요, 감가상각비를 예로 들죠. 감가상각비가 현금 유출이 없다는 것은 이제 아시죠? 그런데 당기순손익에는 비용으로 처리되어 있을 것이니 현금이 유출된 것으로 가정한 꼴이 되죠. 그러니 이 감가상각비를 가산해야만 발생주의 당기순손익을 현금주의 당기순손익으로 바꿀 수 있는 거죠. 이런 비용에는 감가상각비 이외에 대손상각비, 외화환산손실, 매도가능증권처분손실, 무형자산상각비, 유형자산처분손실, 유형자산손상차손 등이 있죠. 다음으로 현금의 유입이 없는 수익인데요, 이것은 현금의 유출이 없는 비용과 반대의 이유로 당기순손익에 차감하여야 하겠죠. 이런 수익에는 대손충당금환입, 외화환산이익, 매도가능증권처분이익, 유형자산처분이익 등이 있습니다. 마지막으로 영업활동으로 인한 자산·부채의 변동을 당기순손익에 가감해야 합니다. 영업활동에 필요한 자산·부채를 흔히 운전자본이라고 표현하는데요, 대표적인 것이 매출채권, 미수금, 재고자산, 매입채무, 미지급금으로 유동자산과 유동부채의 대부분이 여기에 속한다고 생각하면 됩니다. 물론 비유동자산과 비유동부채에 속하더라도 영업활동과 관련 있는 자산과 부채의 변동은 가감해주어야 합니다.

그럼 가감하는 방향은 어떻게 될까요? 먼저 자산입니다. 매출채권을 예로 들어 볼까요? 전기보다 당기에 매출채권이 감소하였습니다. 이것은 무엇을 의미할까요? 매출채권이 감소하였다면 무슨 일이 벌어진 걸까요? 그만큼 현금이 회수되었겠죠. 즉 현금주의로 회계처리했다면 현금이 증가한 것을 의미합니다. 따라서 영업활동으로 인한 자산의 감소는 당기순손익에 가산하고 자산의 증가는 차감하게 됩니다. 부채는 반대로 생각하면 되는데요, 매입채무가 전기보다 당기에 감소하였다면 이것은 매입채무 지급을 위해 현금이 유출된 것을 의미하죠. 따라서 영업활동으로 인한 부채의 감소는 당기순손익에 차감하고 부채의 증가는 가산하게 됩니다. 이렇게 영업활동으로 인한 자산 부채의 변동까지 가감하면 세부적인 사항을 알 수 없어 좀 아쉽긴 하지만 어쨌든 영업현금흐름을 산출할 수 있습니다. 투자현금흐름과 재무현금흐름은 직접법이다 간접법이다라는 구분이 굳이 필요 없는데요, 투자활동과 재무활동은 영업활동에 비해 빈번하게 일어나는 활동이 아니므로 현금의 유입액과 유출액으로 구분하여 직접법에 따라 표시한다고 말할 수 있습니다. **투자현금흐름**은 영업활동으로 인한 자산을 제외한 자산의 변동을 나타내는 것으로 현금유입액에는 대여금의 회수, 투자자산, 유형자산 및 유형자산의 처분 등이 있으며 현금유출액에는 현금의 대여, 투자자산, 유형자산, 무형자산의 취득 등이 있습니다. **재무현금흐름**은 영업활동으로 인한 부채를 제외한 부채의 변동과 자본의 변동을 나타내는 것으로 현금유입액에는 차입금의 차입, 사채의 발행, 주식의 발행 등이 있으며 현금유출액에는 차입금의 상환, 배당금의 지급, 유상감자, 자기주식의 취득 등이 있습니다. 그럼 이렇게 현금흐름을 영업현금흐름, 투자현금흐름, 재무현금흐름으로 구별하여 표시하는 이유는 뭘까요? 당연히 모든 현금흐름을 구분하지 않고 제공할 때보다 더 유용하기 때문이겠죠. 다음의 예를 볼까요?

	양호기업	불량기업	비 고
영업현금흐름	(+) 10억	(−) 10억	
투자현금흐름	(−) 5억	(+) 5억	유형자산의 취득 및 처분
재무현금흐름	(−) 3억	(+) 7억	차입금의 상환 및 차입활동
현금의 증가	(+) 2억	(+) 2억	

위 두 기업은 모두 현금이 2억원 증가했지만 그 내용을 들여다보면 아주 상이하다는 것을 금방 알 수 있습니다. 양호기업은 영업활동으로부터 창출된 현금을 유형자산 취득과 차입금의 상환에 사용한 것으로 추정할 수 있는 반면 불량기업은 영업활동의 저조한 실적으로 인해 유형자산의 처분과 현금의 차입 등이 일어난 것으로 추정할 수 있습니다. 기업의 현금 증가는 물론 바람직한 것이지만 질이 더 중요하다는 얘기죠. 다음은 앞서 예시로 제시한 가원주식회사의 재무상태표와 손익계산서에 몇 가지 가정을 붙여 간접법으로 작성한 현금흐름표입니다.

현금흐름표

제 7 기 20X1년 1월 1일부터 20X1년 12월 31일까지
제 6 기 20X0년 1월 1일부터 20X0년 12월 31일까지

가원주식회사 (단위 : 천원)

과목	당기		전기	
I. 영업활동으로 인한 현금흐름		15,450,000		2,800,000
1. 당기순이익		6,055,000		2,270,000
2. 현금의유출없는비용등의가산		8,029,000		8,276,000
대손상각비	9,000		6,000	
외화환산손실	1,800,000		1,900,000	
감가상각비	5,050,000		5,200,000	
무형자산상각비	920,000		920,000	
유형자산처분손실	50,000		100,000	
퇴직급여충당부채전입액	200,000		150,000	
3. 현금의유입없는수익등의차감		910,000		1,000,000
외화환산이익	510,000		700,000	
지분법이익	400,000		300,000	
4. 영업활동으로인한자산부채의변동		2,276,000		(6,746,000)
매출채권의증가	(2,190,000)		(1,800,000)	
미수금의감소(증가)	(114,000)		104,000	
선급금의감소(증가)	230,000		(220,000)	
미수수익의감소(증가)	10,000		(20,000)	
선급비용의감소(증가)	140,000		(190,000)	
재고자산의감소(증가)	1,100,000		(4,000,000)	
장기성매출채권의감소	400,000		200,000	
매입채무의증가(감소)	500,000		(100,000)	
미지급금의증가(감소)	300,000		(200,000)	
선수금의증가(감소)	400,000		(200,000)	
선수수익의증가	1,200,000		–	
미지급비용의증가(감소)	200,000		(350,000)	
당기법인세부채의증가(감소)	300,000		(170,000)	
이연법인세자산의감소(증가)	(200,000)		200,000	
II. 투자활동으로 인한 현금흐름		(12,950,000)		(11,900,000)
1. 투자활동으로인한현금유입액		50,000		100,000
비품의처분	50,000		100,000	
2. 투자활동으로인한현금유출액		13,000,000		12,000,000
건물의취득	2,000,000		3,000,000	
기계장치의취득	10,000,000		8,000,000	
건설중인자산의증가	1,000,000		1,000,000	
III. 재무활동으로 인한 현금흐름		(1,000,000)		10,000,000
1. 재무활동으로인한현금유입액		20,000,000		20,000,000
단기차입금의증가	–		10,000,000	
사채의발행	20,000,000		10,000,000	
2. 재무활동으로인한현금유출액		21,000,000		10,000,000
단기차입금의감소	10,000,000		–	
유동성장기부채의상환	10,000,000		10,000,000	
배당의지급	1,000,000		–	
IV. 현금의 증가(I+II+III)		1,500,000		900,000
V. 기초의 현금		8,500,000		7,600,000
VI. 기말의 현금		10,000,000		8,500,000

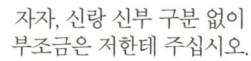

65 기업분석의 기본 중의 기본
_경영지표

지금까지 회계의 원리에 대해 알아보았는데요, 그 중에서도 회계의 수단이자 국가대표라 할 수 있는 재무제표에 대해 자세히 살펴보았죠. 그럼 정보이용자마다 재무제표를 이용해 필요한 정보를 얻어야겠죠? 구슬이 서 말이라도 꿰어야 보배인 법이죠.

재무제표를 분석하는 방법은 여러 가지가 있지만 가장 효과적이고 효율적인 방법은 기업의 전반적인 재무상태와 경영성과를 먼저 이해하고 그 결과를 바탕으로 각 계정과목을 분석하는 것이죠. 소위 톱다운Top-down 방식을 적용하는 것인데요, 이 때 기업의 전반적인 재무상태와 경영성과를 이해하는 데 주요 **경영지표**가 이용됩니다. 시쳇말로 기업이 잘나간다는 것은 어떤 것을 의미할까요? 아마도 기업이 안정적이고 수익성이 좋고 꾸준히 성장한다면 잘나간다고 할 수 있겠죠. 그래서 경영지표도 안정성지표, 수익성지표, 성장성지표로 구분할 수 있습니다.

안정성 지표는 말 그대로 기업이 얼마나 안정적인가를 나타내는 지표로 주로 기업의 재무상태를 평가할 때 쓰입니다. 안정성 지표로는 유동비율, 부채비율, 차입금의존도, 이자보상배율 등이 있습니다. **유동비율**은 유동자산을 유동부채로 나누어 산출하는데요, 1년 이내에 상환이 도래하는 유동부채를 기업이 보유한 유동자산으로 지급할 여력이 되는지를 가늠하는 지표죠. 물론 유동비율이 높을수록 재무상태가 양호한 기업이라고 할 수 있습니다. **부채비율**은 부채를 자기자본으로 나누어 산출합니다. 기업의 타인자본 의존도를 나타내는 지표로 부채비율이 낮을수록 재무상태가 양호한 기업이라 할 수 있으며 보통 100% 이하인 경우가 이상적이죠. **차입금의존도**는 부채 중에서도 원리금의 지급이 확정되어 있는 차입금의 비율이 얼마나 되는지 즉 부채의 질을 나타내는 지표로 차입금을 총자산으로 나누어 산출합니다. 이 때 차입금에는 사채가 포함되며 낮을수록 재무상태가 양호한 기업이겠죠. 마지막으로 **이자보상배율**이 있는데요, 이것은 기업의 주된 영업활동으로 인해 발생한 영업이익으로 이자비용을 지급할 수 있는지를 나타내는 지표입니다. 영업이익을 이자비용으로 나누어 산출합니다. 이자보상배율이 1보다 낮다면 이 기업의 재무상태는 매우 심각한 상태라는 것을 의미하는데요, 왜 그럴까요? 기업이 열심히 경영활동을 했지만 주주에 대한 배당 또는 채권자에 대한 원금지불은 고사하고 차입금의 이자비용도 감당할 수 없다는 것을 의미하는 것이니 왜 심각하지 않겠습니까? 따라서 이자보상배율이 1 이하인 상태가 지속된다면 그 기업은 머지않아 망할 수 있다는 것을 의미합니다.

두 번째로 **수익성 지표**인데요, 수익성 지표는 기업이 얼마나 자산을 효율적으로 운영하고 있는지를 나타내는 지표입니다. 수익성 지표로는 매출액영업이익률, 매출액순이익률, 총자산순이익률, 자기자본순이익률, 총자산대비영업현금흐름비율 등이 있는데요, 각각 다음과 같이 계산하죠.

수익성지표	산식	비고
매출액영업이익률	영업이익 ÷ 매출액	
매출액순이익률	당기순이익 ÷ 매출액	
총자산순이익률	당기순이익 ÷ 총자산	총자산은 기초와 기말의 평균
자기자본순이익률	당기순이익 ÷ 자기자본	자기자본은 기초와 기말의 평균
총자산대비영업현금흐름비율	영업현금흐름 ÷ 총자산	총자산은 기초와 기말의 평균

모든 수익성 지표는 높을수록 기업의 경영성과가 양호하다고 할 수 있으며 자산을 효율적으로 운영한 것이죠.

마지막으로 **성장성 지표**는 기업이 전기에 비해 당기에 얼마나 성장했는지를 나타내는 지표로 매출액증가율, 영업이익증가율, 당기순이익증가율, 총자산증가율 등이 있습니다. 각각의 구체적인 산식은 다음과 같습니다.

성장성지표	산식
매출액증가율	당기매출액 ÷ 전기매출액 − 1
영업이익증가율	당기영업이익 ÷ 전기영업이익 − 1
당기순이익증가율	당기순이익 ÷ 전기순이익 − 1
총자산증가율	당기총자산 ÷ 전기총자산 − 1

성장성 지표도 높을수록 좋다고 할 수 있는데요, 총자산증가율의 경우 부채의 증가로 인해 총자산이 증가했다면 단지 증가율이 높다고 해서 기업의 성장성이 좋아졌다고 할 수는 없겠죠. 이러한 경영지표는 서로 연관성이 있기 때문에 기업 평가 시 종합적으로 고려하는 것이 필요합니다. 또한 모든 경영지표는 비교 대상이 있을 때 더 유용한 정보를 제공하므로 전기 또는 비교 대상 기업과의 비교 내용을 분석하는 것이 더 의미있는 정보를 제공할 때가 많습니다.

복과장의
심심풀이 퀴즈

복과장의 심심풀이 퀴즈

01. 회계정보가 신뢰성을 갖기 위한 질적 특성이 아닌 것은?
　❶ 표현충실성　　❷ 중립성　　❸ 객관성　　❹ 적시성

02. '회계정보는 정보이용자의 의사결정에 영향을 미칠 수 있어야 한다'는 문장과 가장 관계가 깊은 회계정보의 제약 요인은?
　❶ 신뢰성　　❷ 적시성　　❸ 중요성　　❹ 비교가능성

03. '일반기업회계기준'에서 규정하고 있는 주 재무제표가 아닌 것은?
　❶ 재무상태표　　❷ 현금흐름표　　❸ 주석　　❹ 이익잉여금처분계산서

04. 다음 재무제표 중 일정 기간이 아닌 일정 시점의 회계정보를 제공하는 것은?
　❶ 재무상태표　　❷ 손익계산서　　❸ 현금흐름표　　❹ 자본변동표

05. 주주 등 다양한 정보이용자들의 회계정보 이용이 유용하기 위한 재무제표의 기본가정은?
　❶ 기업실체　　❷ 계속기업　　❸ 기간별 보고　　❹ 화폐단위측정

06. 다음 중 거래의 8요소 중 대변에 기입되는 것은?
　❶ 자산의 증가　　❷ 부채의 감소　　❸ 수익의 증가　　❹ 비용의 증가

07. 일정 기간의 주주지분의 크기 및 변동 내역에 관한 정보를 제공하는 재무제표는?
　❶ 재무상태표　　❷ 손익계산서　　❸ 현금흐름표　　❹ 자본변동표

08. 자산의 인식기준이 아닌 것은?
① 재무제표의 기본요소를 충족시킬 것
② 경제적 효익의 유입가능성이 높을 것
③ 계약상 소유권을 갖고 있을 것
④ 측정속성이 신뢰성 있게 측정될 것

09. '경제적 거래가 일어난 시점에 수익과 비용을 인식한다'는 회계원칙은?
① 발생주의 ② 현금주의
③ 수익비용의 대응 ④ 계속기업 원칙

10. 재무제표 기본요소의 측정 중 취득시 지급한 대가로 인식하는 측정 속성은?
① 공정가치 ② 취득원가
③ 사용가치 ④ 순실현가능가치

11. 회계기간 동안 거래를 각 계정과목별로 합친 장부는?
① 합계시산표 ② 잔액시산표 ③ 전표 ④ 총계정원장

12. 재무상태표의 비유동자산에 속하지 않는 것은?
① 유형자산 ② 재고자산 ③ 투자자산 ④ 무형자산

13. 다음 중 현금 및 현금성자산에 속하지 않는 것은?
① 당좌예금 ② 타인발행수표
③ 당좌개설보증금 ④ 취득당시 만기가 3개월 이내인 국채

14. 일반 상거래에서 발생한 수취채권의 계정과목은?
① 미수금 ② 매출채권 ③ 선급금 ④ 단기대여금

15. 회계기간 중 매출채권 대손이 발생하였으나 대손충당금의 잔액이 부족할 때 부족잔액에 대한 차변의 적절한 계정과목은?
① 대손상각비 ② 대손충당금 ③ 대손충당금환입 ④ 매출채권

16. 취득 시 만기가 3년 남아 있고 2년 후 처분할 예정인 국채의 적절한 계정과목은?
   ① 단기매매증권   ② 단기금융상품   ③ 매도가능증권   ④ 만기보유증권

17. 다음 중 기말 평가 시 상각후원가로 평가해야 하는 유가증권은?
   ① 단기매매증권   ② 매도가능증권
   ③ 만기보유증권   ④ 지분법적용투자주식

18. 20X1년 1월 1일에 (주)가원은 (주)지석의 지분 20%를 50억원에 취득하였고, 20X1년 (주)지석의 당기순이익이 10억원이라면 20X1년 12월 31일 (주)가원의 (주)지석 지분에 대한 적절한 장부가액은?
   ① 60억원   ② 52억원   ③ 50억원   ④ 10억원

19. 재고자산의 취득원가를 구성하는 매입부대비용으로 적절치 않은 것은?
   ① 매입운임   ② 하역료   ③ 수입관세   ④ 보관비용

20. 재고자산의 수량결정 방법 중 회계기간 중에 재고 수량 파악이 가능한 방법은?
   ① 실지재고조사법   ② 계속기록법
   ③ ①, ② 모두 가능   ④ ①, ② 모두 불가능

21. 인플레이션하에서 일반적으로 기말 재고자산이 가장 크게 계상되는 재고자산의 단가 결정 방법은?
   ① 선입선출법   ② 총평균법   ③ 이동평균법   ④ 후입선출법

22. (주)지석이 기말 결산 시 보유하고 있는 재공품의 장부가액은 1억원, 동 재공품의 제품 완성 후 추정판매가액 및 추정추가원가는 각각 1억 2천만원 및 3천만원, 추정판매비용은 1천만원일 때 재고자산평가손실액은?
   ① 1천만원   ② 2천만원   ③ 3천만원   ④ 0원

23. 다음 중 투자자산이 아닌 것은?
   ① 장기금융상품   ② 장기대여금   ③ 만기보유증권   ④ 임차보증금

24. 다음의 유형자산 취득원가에 대한 기술 중 틀린 것은?
  ① 토지와 건물의 일괄 구입 시 공정가액 비율로 안분하여 각각의 취득원가를 인식한다.
  ② 장기후불조건으로 구입 시 취득시점의 현금구입가격으로 인식한다.
  ③ 이종자산의 교환에 따른 손익은 인식하지 않는다.
  ④ 동종자산으로 교환으로 취득한 유형자산의 취득원가는 제공한 자산의 장부가액이다.

25. 다음 중 유형자산의 수익적 지출로 처리해야 할 지출은?
  ① 수선·유지를 위한 지출   ② 생산능력 증대를 위한 지출
  ③ 내용연수 연장을 위한 지출   ④ 원가 절감을 위한 지출

26. 일반적으로 광산, 유전 등 채굴산업에 적합한 감가상각 방법은?
  ① 정액법   ② 정률법   ③ 생산량비례법   ④ 연수합계법

27. 다음의 유형자산의 감가상각에 대한 기술 중 틀린 것은?
  ① 감가상각의 3요소는 취득원가, 잔존가치, 내용연수이다.
  ② 정액법은 감가상각비와 수선비의 합을 평준화시키는 효과가 있다.
  ③ 토지와 건설중인자산은 감가상각 대상 자산이 아니다.
  ④ 감가상각 절차는 수익·비용 대응의 원칙에 부합한다.

28. 다음의 유형자산의 재평가모형에 대한 기술 중 맞는 것은?
  ① 재평가 적용 시 취득원가는 재평가금액으로 수정하고 감가상각누계액은 제거한다.
  ② 재평가모형을 선택하였다면 재평가는 1년마다 수행해야 한다.
  ③ 유형자산별 재평가는 인정되지 않는다.
  ④ 재평가손실 발생 시 동 금액은 기타포괄손익누계액으로 처리한다.

29. 다음의 무형자산에 대한 기술 중 틀린 것은?
  ① 유형자산과 무형자산은 영업용자산이지만 물리적 형체의 유무에서 차이가 있다.
  ② 시장지배력 등 내부적으로 창출된 영업권은 인정되지 않는다.
  ③ 무형자산은 산업재산권, 저작권 등의 법률 또는 계약에 의해 발생하기도 한다.
  ④ 무형자산의 상각기간은 어떠한 경우에도 20년을 초과하지 못한다.

30. 20X0년 1월 1일에 10억원에 취득한 기계장치(내용연수 10년)의 20X1년말 순공정가치가 5억원, 사용가치가 4억원일 때 손상차손으로 인식할 금액은?
   ① 3억원　　② 4억원　　③ 5억원　　④ 6억원

31. 기업의 일반적인 상거래에서 제품을 제공하기 전에 미리 선취한 금액의 계정과목은?
   ① 선급금　　② 선수금　　③ 매입채무　　④ 예수금

32. 20X1년 6월 1일에 (주)가원은 (주)지석에게 1억원(연이자율 12%, 만기 3년)을 대여하였다. 이자지급 시기가 대여일로부터 3개월 단위라면 20X1년 12월 31일에 (주)지석이 미지급이자로 인식할 금액은?
   ① 7백만원　　② 4백만원　　③ 1백만원　　④ 0원

33. 다음의 충당부채와 우발부채에 대한 기술로 적절치 않은 것은?
   ① 충당부채와 확정부채의 차이는 지출시기 및 금액의 불확실성에 있다.
   ② 충당부채는 그 지급이 확정되는 시점에서 인식한다.
   ③ 자원의 유출 가능성이 매우 낮지 않은 한 우발부채는 주석으로 기재한다.
   ④ 우발자산은 어떠한 경우에도 자산으로 인식하지 않는다.

34. 다음의 사채에 대한 기술 중 적절한 것은?
   ① 사채의 명목이자율과 시장이자율은 항상 일치한다.
   ② 시장이자율이 명목이자율보다 높을 경우 사채는 할증발행된다.
   ③ 사채를 할인발행하는 경우 이자비용은 명목이자보다 크다.
   ④ 사채를 할인발행할 경우 이자비용은 시간이 지날수록 줄어든다.

35. 다음 중 자본잉여금의 구성요소가 아닌 것은?
   ① 주식발행초과금　　② 감자차익　　③ 자기주식처분이익　　④ 자기주식

36. 손익계산서의 당기순이익이 대체되는 재무상태표의 계정과목은?
   ① 자본금　　② 자본잉여금　　③ 이익잉여금　　④ 자본조정

37. 다음 중 자본조정의 차감항목이 아닌 것은?
① 감자차손   ② 주식할인발행차금   ③ 자기주식   ④ 주식선택권

38. 다음 중 결손금 처리순서로 올바른 것은?
① 임의적립금 → 기타법정적립금 → 이익준비금 → 자본잉여금
② 자본잉여금 → 이익준비금 → 기타법정적립금 → 임의적립금
③ 임의적립금 → 이익준비금 → 기타법정적립금 → 자본잉여금
④ 기타법정적립금 → 임의적립금 → 이익준비금 → 자본잉여금

39. 다음 중 매출총이익에서 판매비와관리비를 차감한 이익의 명칭은?
① 영업이익   ② 경상이익   ③ 법인세비용차감전순이익   ④ 당기순이익

40. 다음 중 재화의 수익인식 기준에 대한 기술 중 틀린 것은?
① 재화의 소유에 따른 효익과 위험이 대부분 구매자에게 이전되어야 한다.
② 경제적 효익의 유입 가능성이 높을 것
③ 수익금액을 신뢰성 있게 측정할 수 있을 것
④ 소유권이 구매자에게 이전되었을 것

41. 다음 중 재화의 수익인식이 잘못된 것은?
① 위탁판매업을 하는 A씨는 수탁자가 재화를 판매한 날 수익을 인식했다.
② 검사 완료를 조건으로 기계장치를 판매한 B씨는 검사가 완료된 날 수익을 인식했다.
③ 의류를 판매한 C씨는 인도기준에 따라 수익을 인식한 후 반품충당부채를 설정했다.
④ 상품권을 발행한 D씨는 상품권을 판매한 날 수익을 인식했다.

42. 다음 중 용역의 수익인식 기준 요건으로 잘못된 것은?
① 거래 전체의 수익금액을 신뢰성 있게 측정할 수 있을 것
② 경제적 효익의 유입 가능성이 매우 높을 것
③ 진행률은 총예정원가 등 금액으로 측정할 수 있을 것
④ 총예정원가를 신뢰성 있게 측정할 수 있을 것

43. 다음 중 판매비와관리비에 속하는 계정과목이 아닌 것은?
   ❶ 대손상각비 ❷ 보험료 ❸ 임차료 ❹ 기부금

44. 비정상적으로 발생한 재고자산감소손실의 손익계산서 분류는?
   ❶ 매출원가 ❷ 판매비와관리비
   ❸ 영업외비용 ❹ 제조원가

45. 다음의 이연법인세에 대한 기술 중 틀린 것은?
   ❶ 이연법인세는 재무회계와 세무회계의 차이로 인해 발생한다.
   ❷ 일시적 차이 중 미래의 법인세를 감소시키는 차이를 차감할 일시적 차이라고 한다.
   ❸ 영구적 차이는 미래의 법인세를 증가시키는 차이이다.
   ❹ 비유동자산으로 분류되는 이연법인세자산과 이연법인세부채는 상계하여 표시한다.

46. 다음 중 현금의 유입을 초래하는 항목은?
   ❶ 매출채권의 증가 ❷ 미수금의 증가
   ❸ 매입채무의 증가 ❹ 미지급금의 감소

47. 다음 중 재무현금흐름에 해당하지 않는 것은?
   ❶ 차입금의 상환 ❷ 배당금수익
   ❸ 배당금의 지급 ❹ 유상감자

답 : 1.④ 2.③ 3.④ 4.① 5.① 6.③ 7.④ 8.③ 9.① 10.② 11.④ 12.② 13.④ 14.② 15.① 16.③ 17.③ 18.② 19.④ 20.②
21.① 22.② 23.④ 24.③ 25.① 26.③ 27.② 28.① 29.④ 30.① 31.② 32.③ 33.② 34.③ 35.④ 36.③ 37.④ 38.①
39.① 40.④ 41.③ 42.③ 43.④ 44.③ 45.③ 46.③ 47.②

외계사원 쪼아 슐고래 복과장의
회계러브스토리

-끝-

ⓒ 변정호 2011

1판 1쇄　　2011년 6월 10일
1판 3쇄　　2022년 1월 26일

지은이　　　변정호
그림 스토리　임경재
그림　　　　Hitoon.com

펴낸이　김승욱
기획　　강명효
편집　　강명효 김승욱 김승관
디자인　김선미 최윤미
마케팅　채진아 유희수 황승현
펴낸곳　이콘출판(주)
출판등록　2003년 3월 12일 제406-2003-059호

주소　　　10881 경기도 파주시 회동길 455-3
전자우편　book@econbook.com
전화　　　031-8071-8677
팩스　　　031-8071-8672

ISBN 978-89-90831-95-8　13320

＊ 이 도서의 국립중앙도서관 출판시도서목록(CIP)은 e-CIP홈페이지(http://www.nl.go.kr/ecip)와
　 국가자료공동목록시스템(http://www.nl.go.kr/kolisnet)에서 이용하실 수 있습니다.(CIP제어번호: CIP2011002178)